Tudo é feito de magia,
folhas e árvores, flores e pássaros,
texugos e raposas e esquilos e pessoas.
Portanto, a magia deve estar ao nosso redor.
Neste jardim — em todos os lugares.

Frances Hodgson Burnett, *O Jardim Secreto*

TARÔ DO
Jardim da Bruxa

Sasha Graham

Ilustrações de Nataša Ilinčić

TARÔ DO Jardim da Bruxa

Tradução

Denise de Carvalho Rocha

Editora Pensamento
SÃO PAULO

Título do original: *Tarot of the Witch's Garden.*

Publicado originalmente por Llewellyn Publications, Woodbury, MN 55125 – USA
www.llewellyn.com

1ª edição 2025.

Capa e cartas de Nataša Ilinčić.

Ilustrações de Nataša Ilinčić.

Arte do livro de Rebecca Zins.

Arte da capa de Cassic Willett.

O *kit Tarô do Jardim da Bruxa* é composto de um conjunto de 78 cartas coloridas e deste livro.

Editor: Adilson Silva Ramachandra
Gerente editorial: Roseli de S. Ferraz
Gerente de produção editorial: Indiara Faria Kayo
Preparação de originais: Marta Almeida de Sá
Editoração eletrônica: Join Bureau
Revisão: Vivian Miwa Matsushita

Dados Internacionais de Catalogação na Publicação (CIP)
(Câmara Brasileira do Livro, SP, Brasil)

Graham, Sasha
Tarô do jardim da bruxa / Sasha Graham; tradução Denise de Carvalho Rocha; ilustrações de Nataša Ilinčić. – 1. ed. – São Paulo: Editora Pensamento, 2025.

Título original: Tarot of the witch's garden
ISBN 978-85-315-2398-4

1. Bruxaria 2. Tarô I. Ilinčić, Nataša. II. Título.

24-229272 CDD-133.32424

Índices para catálogo sistemático:
1. Tarô: Artes divinatórias: Ocultismo 133.32424
Cibele Maria Dias – Bibliotecária – CRB-8/9427

Direitos de tradução para o Brasil adquiridos com exclusividade pela
EDITORA PENSAMENTO-CULTRIX LTDA., que se reserva a
propriedade literária desta tradução.
Rua Dr. Mário Vicente, 368 – 04270-000 – São Paulo – SP – Fone: (11) 2066-9000
http://www.editorapensamento.com.br
E-mail: atendimento@editorapensamento.com.br
Foi feito o depósito legal.

Sumário

Parte 3: O cultivo da profundidade e do significado - 41

Parte 4: A colheita da magia - 287

Introdução

A *história trouxe você até aqui...* Durante toda a sua vida, você sentiu leves toques da magia, como se tivesse borboletas no estômago. Criou mundos com seus guias espirituais, conversou com animais e trocou energias com as ervas. Você atravessa as sombras de bosques intocados onde outros temem pisar. Enxerga com os olhos da mente e acredita a tal ponto nos desejos do seu coração pulsante que é capaz de materializar seus sonhos. Mais importante ainda, sempre ouviu a voz especial dentro de você que ninguém mais pode ouvir. É por isso que você está diante de mim agora. É por isso que teve acesso ao meu jardim.

Bem-vinda ao *Tarô do Jardim da Bruxa*! Permita que eu me apresente. Sou a Maga (Feiticeira ou Bruxa, se preferir) do jardim. Você verá um retrato meu na carta número um. Eu trabalhei com espíritos, animais e plantas para trazer de volta à vida esta terra outrora abandonada. Essa paisagem mágica foi criada para seres mágicos como nós.

O jardim da bruxa contém uma energia arquetípica dos reinos animal, vegetal e mineral. Flores fantásticas, ervas (algumas venenosas) e vida selvagem povoam as cartas. Insetos ágeis, criaturas mitológicas e mundos infinitos de manifestação transbordam. Tudo dentro deste tarô está vivo, energizado e pronto para estimular a vitalidade que pulsa dentro de você.

Deixe que ele se torne um campo experimental de possibilidades. Aqui você pode testar opções e ideias antes de colocá-las em prática em sua vida. Algumas cartas parecem um sonho. Outras adejam e voam com mente e consciência próprias. Seja paciente com as cartas. Seja paciente consigo mesma. Às vezes, vai parecer que você está tentando extrair informações de uma pedra. Outras vezes, você será um canal aberto. A prática do tarô é apenas isso: uma prática. Tire as cartas várias e várias vezes para desenvolver suas habilidades. Os jardins são seres vivos cíclicos, assim como nós. Nem tudo que existe dentro do jardim da bruxa é perfeito ou amistoso. Os jardins são reflexos do mundo e contêm todas as possibilidades, lições e desafios, até mesmo as partes mais sombrias, que preferiríamos evitar, mas que um dia teremos de enfrentar. De uma coisa podemos ter certeza: o jardim e o tarô sempre nos trazem de volta para nós mesmas.

Como leitora, você é tanto uma bruxa quanto uma exploradora do jardim. Uma verdadeira bruxa não fica por aí manipulando os outros. Ela trabalha a magia em si mesma. A bruxa mergulha no mistério que surge a cada instante. O jardim é seu para que possa desfrutar e cuidar dele. Você assumirá o papel de cada carta, porque o tarô é um reflexo do seu ser. Concentre-se. Às vezes, você vai se ver dentro da carta. Outras vezes, será a mão gentil que guia as energias, os animais e as pessoas em direção ao desejo do seu coração.

A magia é real. Sua energia intensa é tão brilhante quanto a luz solar e tão misteriosa quanto a lua nova. Essa eletricidade pulsante permeia tudo o que você faz. Flui pelas suas veias para torná-la plena de beleza, amor e êxtase. A magia é um estado de existência tão absolutamente normal que, muitas vezes, não é percebida por aqueles que não têm olhos para enxergá-la. Mesmo as mais sensitivas entre nós, às vezes, não conhecem a proporção do próprio poder. A magia acontece quando a essência de quem você é entra em sintonia com a energia expansiva do Universo.

O tarô é um portal mágico. Seus arquétipos e símbolos atuam como um princípio organizador para os pensamentos que desfilam pela nossa mente caótica. O tarô lhe oferece a chance de dar um passo para trás, observar as opções que tem e fazer uma escolha consciente, alterando, assim, o seu destino.

Cultivar a magia na sua vida é tão prazeroso quanto colher flores do campo. As regras da magia e da jardinagem são as mesmas, porque elas provêm da mesma fonte. As sementes das flores, dos pepinos e das abóboras são feitas para crescer e florescer, e algo semelhante se pode dizer a respeito das sementes depositadas no âmago da sua alma. Canteiros de flores precisam de luz solar, água e espaço para crescer. As sementes mágicas dentro de você germinam com a luz da intenção, são regadas com o ímpeto das emoções e crescem dentro do espaço sagrado da gratidão e da compaixão.

Ouça o silêncio. Abra um espaço vazio. Ele guarda todo o potencial. Se observar com atenção, verá que a expansividade dentro de você e ao seu redor lhe dirá o que ela quer se tornar. Os limites impulsionam a energia da manifestação. Crie limites ao redor da sua magia assim como faria com um canteiro de boca--de-leão. Plante sementes de acordo com os ciclos da natureza. Use a atenção como uma ferramenta de jardinagem, mas não interfira na magia nem a apresse. Confie. Tudo acontecerá em seu próprio tempo.

Cada um de nós é o ponto central de um universo mágico. Para encontrar centelhas mágicas, concentre-se no que você deseja com ardor. Nossos talentos, paixões e interesses nos apontarão a direção certa. O tarô é o instrumento perfeito para acessar esses tesouros. Ouça quando as cartas cantarem para você e prepare-se quando elas lançarem luz sobre o que você preferia não ver. Seja corajosa com as suas cartas. Procure descobrir informações e obter a clareza que você ainda não tem. Buscamos o tarô para descobrir o que não sabemos. Nunca tenha medo de errar nas interpretações das cartas. Tudo o que é necessário para a prática do tarô está guardado dentro de você. Você só precisa desenterrar essa sabedoria.

Como usar esses segredos

Este livro está dividido em quatro partes. Se você é novata no tarô, leia estas páginas do começo ao fim. Elas oferecem todas as informações de que você precisa para trabalhar com as cartas. Se você já tem experiência com o tarô, esses segredos podem oferecer muitas ideias novas para revigorar a sua prática.

A Parte 1 mostra como preparar o solo e estabelecer uma prática pessoal de tarô. Contém instruções simples e os fundamentos da cartomancia. A Parte 2 ensina a plantar sementes mágicas poderosas em seu subconsciente que vão fortalecer suas habilidades de leitura do tarô. A Parte 3 mostra como cultivar os significados mais profundos das cartas, por meio de uma explicação detalhada de cada uma delas. Nessa parte são apresentadas seções separadas para cada carta, que incluem o título da carta, uma palavra-chave e sua correspondência com as cartas do tarô da Aurora Dourada, além de um encantamento mágico para você usar em feitiços e memorizar o significado do arquétipo representado pela carta. Você encontrará significados e palavras-chave para as cartas na posição normal e para as cartas invertidas. Muitas vezes, essas últimas, são consideradas de mau agouro pelos leitores e consulentes. Por isso, um "elixir mágico" foi incluído para curar a "ferida" mostrada pela carta invertida. A inversão pode ser corrigida fazendo-se a pergunta sugerida. Tire uma nova carta para obter a resposta. A Parte 4 ensina a fazer a colheita da sua prática de tarô, representada pelas tiragens e por feitiços muito úteis.

Segure a minha mão. Vamos mergulhar mais fundo no jardim, minha bruxinha. Vasculharemos a terra para ver quais poções, elixires e adivinhações podemos imaginar. O mundo leva a sua marca. Tudo responde ao seu toque. Nada é desperdiçado no jardim ou na sua preciosa vida. Prometo que, quando terminarmos, você estará voando em sua vassoura pelos campos e lançando o feitiço da sua essência pessoal no mundo além dos muros do jardim.

Regras da Magia do Jardim

Tudo é energia.

A natureza fala se você souber ouvir.

Limpe o espaço e demarque o terreno.

Marque presença e faça o que precisa ser feito.

Plante as sementes do desejo.

Cultive na época mais propícia.

Parte 1

O preparo do solo

A terra é a base do jardim e, para que ele floresça, é preciso um solo saudável. A prática de tarô também requer uma boa base. Aqui você encontrará conceitos fundamentais sobre as cartas. A terra é onde seu corpo, seu eu e sua alma devem estar ancorados sempre que você trabalha com as cartas. Reserve um momento para limpar a mente e se concentrar na sua respiração. Imagine a sola dos seus pés enraizando-se no solo abaixo de você. Essa ligação com a terra a manterá ancorada quando você estiver voando com as cartas. A paisagem da sua imaginação se desenvolverá e se expandirá a cada experiência que você tiver com o tarô.

Como manusear as cartas e cuidar delas

O tarô é um instrumento sagrado e um companheiro leal. As cartas consistem em 78 aspectos do seu eu. Elas brilham como as facetas de um diamante. Quanto mais profunda sua relação com as cartas, mais direta e eficaz se torna a orientação delas. O *Tarô do Jardim da Bruxa* é uma fonte de poder. Lance mão dele para impulsionar seu crescimento pessoal e espiritual.

A prática mágica do tarô segue as mesmas regras e os mesmos requisitos dos relacionamentos pessoais. Conhecer o tarô é como travar uma nova amizade. Reserve um tempo para si e para as cartas. Limpe a mente e concentre-se no que elas estão expressando. Segure-as nas mãos. Examine cada imagem, uma por vez. Familiarize-se com essas imagens sem fazer perguntas.

> RITUAL SAGRADO. Para aprofundar a sua ligação com o tarô, acenda um cone de incenso, um feixe de ervas secas ou uma vareta de incenso. A fumaça é regida pelo elemento Ar. Ela abre a nossa consciência para o reino celestial, ao mesmo tempo que estabelece conexões com o mundo espiritual e arquetípico. Passe cada carta pela fumaça aromática. Observe as cartas com um olhar relaxado, para absorver as imagens, as cores e a energia de cada uma delas.

Leve suas cartas para a cama com você. Estabeleça com elas uma conexão subconsciente, colocando-as debaixo do travesseiro ou sobre a mesinha de cabeceira. Tire uma carta e escreva a respeito dela em seu diário. Contemple as cartas antes de adormecer e convide uma carta específica para participar dos seus sonhos durante a noite.

O *Tarô do Jardim da Bruxa* está em sintonia com a energia da natureza. Carregue suas cartas com poder intuitivo e psíquico, deixando-as perto de uma janela sob os raios da lua cheia. Infunda-as com poder e novos ciclos, e faça o mesmo durante a lua nova. Energize-as com expansão e alegria, deixando-as perto da janela para infundi-las também com os raios solares durante o dia.

COMO VOCÊ VAI GUARDAR AS CARTAS?

Elas podem ser deixadas à mostra ou guardadas num lugar que só você conhece. Se deixar o baralho sobre uma mesa, um suporte ou um altar, você poderá vê-lo o tempo todo e ele estará sempre à mão para consultas ou perguntas rápidas.

Muitos leitores de tarô preferem proteger as cartas de energias, pessoas e influências aleatórias. Para selar seu baralho, envolva-o com um tecido de seda quando ele não estiver em uso. Coloque-o dentro de um saquinho macio de veludo, numa caixa de madeira entalhada ou num livro falso, com um compartimento secreto. Você pode pôr cristais, ervas e talismãs dentro do saquinho ou da caixa em que guarda o tarô.

Defina de antemão quem poderá tocar o seu baralho. Alguns leitores protegem a vibração das suas 78 cartas não deixando mais ninguém tocar nelas. Outros preferem que os consulentes embaralhem as cartas durante a leitura para que elas fiquem impregnadas com a energia da pergunta em questão. Muitas vezes, os leitores de tarô têm um baralho para uso pessoal e outro para ser utilizado quando leem as cartas para outras pessoas. Não há uma maneira certa ou errada, apenas a preferência pessoal de cada um. Você sempre poderá mudar de ideia.

O grimório de tarô

O grimório é o livro de feitiços da bruxa. É um repositório pessoal de experiências mágicas. O tarô é um livro de magia cujo conteúdo muda cada vez que as cartas são embaralhadas. Eu recomendo com veemência que você tenha um grimório de tarô. Enquanto anota por escrito as informações recebidas das cartas, você as processa e registra mensagens e *insights*. Use o grimório para verificar posteriormente se a sua intuição e as suas mensagens psíquicas estavam corretas. Registre os acontecimentos sincrônicos e os resultados dos seus feitiços e magias. Faça observações sobre as tiragens que achou mais efetivas.

O seu grimório de tarô pode ser simples e direto, com anotações rápidas, ou conter descrições cheias de detalhes. Os grimórios mais detalhados contêm os registros de todas as suas experiências mágicas. Reserve uma página para cada carta e uma seção para tiragens e feitiços de tarô, esboços das cartas, comentários, poemas e perguntas. Descreva boas ideias que lhe ocorreram durante as suas meditações com o tarô. Reserve alguns minutos todos os dias para registrar suas inspirações e ideias.

Fundamentos da leitura do tarô

A arte da leitura do tarô é uma mistura de observação, intuição e contação de histórias. Não existe uma leitura igual à outra. Cada pessoa lê o tarô à sua maneira. Cada leitor tem seu estilo e sensibilidades únicas. Não tenha pressa. Durante a leitura, dê a si mesma o tempo que for necessário.

As leituras são uma oportunidade para você promover seu fluxo intuitivo e exercitar os seus "músculos psíquicos". As sensações do seu corpo podem transmitir informações psíquicas vindas de fora. Um lampejo psíquico, às vezes, pode parecer uma bolha de sabão estourando na sua cabeça e trazendo informações. Não se surpreenda se você tiver um lampejo psíquico que se confirme depois da sua leitura. Por outro lado, não desanime se isso não ocorrer nas primeiras leituras. As informações psíquicas do mundo exterior têm uma inteligência própria. E, em geral, elas estão além do nosso controle.

A intuição é um conhecimento sutil, um rio constante que flui através do nosso corpo. Pode se manifestar como uma visão rápida durante a leitura das cartas. Informações intuitivas vêm de dentro de nós. Os arquétipos, os símbolos e as cores do tarô ultrapassam os limites linguísticos e falam diretamente ao eu intuitivo.

Você é a leitora de tarô quando lê as cartas para si mesma ou para outra pessoa. Se você lê o tarô para outro indivíduo, ele é chamado de consulente, cliente ou inquiridor. Durante a leitura, as cartas ficam sempre voltadas para quem lê o tarô.

Perguntas claras e específicas são essenciais durante a leitura. Perguntas bem formuladas são um caminho direto para soluções mais elevadas e criativas. As perguntas abrem as portas da possibilidade. Perguntas inteligentes ajudam o cérebro, o coração e os instintos a operar com clareza.

Perguntas de qualidade reconhecem o papel que uma pessoa desempenha em seu próprio futuro e declaram o resultado desejado. Perguntas que começam com "como" ou "o que" levam em conta o poder pessoal. *Como posso atrair um relacionamento romântico saudável? O que posso fazer para aumentar a minha renda? Como posso entrar em sintonia com o meu eu mais elevado?*

Para ler as cartas, formule uma pergunta e tire uma carta para respondê-la ou escolha uma tiragem. Nas tiragens de tarô, cada carta é colocada numa posição específica para servir de resposta aos diversos aspectos de uma pergunta. Por exemplo, se o leitor optar pela muito conhecida tiragem de três cartas, que representam passado, presente e futuro, será preciso formular uma única pergunta. *Como posso encontrar paz em meu relacionamento com X*? As três cartas dessa tiragem esclarecerão o passado, o que está ocorrendo no presente e o futuro mais provável, caso nenhum ajuste seja feito.

Antes da tiragem, embaralhe as cartas. A técnica de embaralhamento que você vai usar não importa, desde que as cartas sejam misturadas. Você pode embaralhar as cartas na mesa, voltadas para baixo, ou optar por alguma técnica usada em cassinos.

> DICA DE TARÔ. Preste especial atenção em qualquer carta que saltar do baralho ou cair no chão durante o embaralhamento. As cartas que se destacam são uma mensagem inesperada, porém urgente, do tarô para o leitor. Elas podem ser reservadas e interpretadas no final da leitura.

Depois de embaralhar as cartas, empilhe-as sobre a mesa, voltadas para baixo. Vire o número desejado de cartas, de acordo com a tiragem escolhida, dispondo-as na mesa da esquerda para a direita, como se estivesse abrindo as páginas de um livro. É importante sempre virar as cartas da esquerda para a direita, de modo que esse gesto fique impresso na memória muscular da sua mão. Quando isso se tornar um hábito, sempre ficará evidente se a carta tirada está na posição normal ou invertida.

As cartas invertidas são aquelas que estão de cabeça para baixo na tiragem do ponto de vista do leitor. Não interprete as cartas invertidas enquanto não tiver memorizado seus significados. Simplesmente coloque a carta invertida na posição normal e continue a colocar cada carta em sua posição. Também é aceitável manter a carta invertida e interpretá-la com base na sua intuição. Quando o leitor estiver pronto para interpretar as inversões, essas cartas podem ser lidas de várias maneiras. A carta invertida pode ter o significado oposto da carta na posição normal ou indicar bloqueios energéticos que exijam foco e atenção extras. As cartas também podem revelar questões sombrias das quais você se afasta por instinto, embora não deva agir desse modo. Não importa como você interpreta as inversões, mas é importante determinar como fará isso antes de iniciar a tiragem.

Comece a ler o tarô agora mesmo

O medo de interpretar as cartas de maneira "errada" é o maior obstáculo de todos os leitores iniciantes. Não tenha medo de errar. Não existe nada que levante mais barreiras insuperáveis do que o medo. O tarô se fundamenta em centenas de anos de teoria esotérica e tem significados profundos e extremamente estruturados? Sim. O estudo dessa teoria e desses significados acrescentará profundidade e riqueza às suas leituras? Sem dúvida alguma. Toda essa informação é necessária agora? Não. Vá com calma.

Confie no que está diante de você. Ninguém vê, sente e experimenta o mundo como você. O poder do tarô está na natureza abstrata dos símbolos. Os símbolos são subjetivos. Cada ser humano tem na cabeça um dicionário de símbolos particular. Símbolos básicos, como o Sol, a Lua ou uma caveira, possuem significados universais e culturais. Conceitos mais complexos, como amantes, a mãe e o pai, são arquetípicos e, portanto, transculturais; porém, o modo como um símbolo é interpretado é único para cada leitor. Se o símbolo de uma carta toca você de maneira especial, ele tem um significado particular. É seu bilhete dourado. É a mensagem de que você precisa.

Uma mensagem é transmitida quando algo numa carta chama a sua atenção. É como uma pessoa estranha capturando seu olhar do outro lado de um salão lotado. Algo ganha vida dentro do seu corpo. Use essa "faísca" para descobrir o que a mensagem significa no contexto da pergunta em questão. Examine o símbolo. Se o gesto de uma figura da carta desperta o seu interesse, considere o que ele significa para você. Se você fosse uma figura dentro da carta, qual seria? Invente uma história sobre ela, como se estivesse lendo um livro ilustrado para uma criança. Qual é a mensagem da carta?

Prática diária

A prática de ler uma carta por dia é simples, mas profunda. Só requer alguns minutos por dia. Formule uma pergunta e tire uma carta do baralho. Passe alguns momentos contemplando o significado e a mensagem da carta. Torne a prática de tirar uma carta por dia parte da sua rotina diária. Você descobre a dádiva dessa prática quando a orientação clara e precisa obtida pela carta passa a influenciar as suas decisões diárias.

Limpe a mente. Formule uma pergunta. Feche os olhos. Faça três respirações profundas. Embaralhe as cartas. Pergunte: "O que preciso saber sobre essa questão?". Abra a carta e cumprimente a imagem. Deixe a história da carta, sua contemplação ou a impressão que ela causa em você envolvê-la. Anote a mensagem intuitiva recebida.

Volte a contemplar a carta diária no fim do dia ou antes de dormir. Como ela se relacionou com os acontecimentos do seu dia? Você percebeu alguma experiência sincrônica? Obteve uma percepção precisa? A carta adquiriu um novo significado no contexto da sua experiência? Você sentiu que incorporou a energia da carta em algum momento? Você encontrou alguém que correspondia à natureza energética da carta? Alguma situação estava ligada ao significado básico da carta? Anote suas observações e suas ideias em seu grimório de tarô.

Parte 2

O plantio das sementes

Quando um canteiro do jardim já estiver preparado e o solo estiver pronto, é hora de plantar as sementes. As sementes têm raízes pequeninas escondidas dentro delas. Quando essas raízes se firmam no solo, a planta usa sua inteligência inerente para crescer e se tornar aquilo que está destinada a ser. Isso também vale para a magia pessoal e a prática do tarô.

Esta parte do livro oferece informações básicas para você entender o que as cartas significam e como elas se encaixam dentro da estrutura do tarô. Use e integre essas informações do modo que achar melhor. Não existem duas pessoas que interpretem as cartas de tarô exatamente da mesma maneira. Quanto mais profundamente você contemplar as cartas, mais apreenderá. Conheça o maior número possível de técnicas e sistemas diferentes.

Vá tirando do baralho as cartas à medida que elas aparecem nas descrições a seguir. Coloque-as em ordem e examine-as de forma detalhada para entender como elas se relacionam umas com as outras e como formam um sistema completo.

Os arcanos maiores

As 78 cartas do tarô são divididas em arcanos maiores e arcanos menores. A palavra "arcano" deriva do latim *arcanus*, que significa "oculto, secreto". O baralho inteiro, portanto, é dividido em arcanos maiores e arcanos menores. Os arcanos maiores são numerados de 0 a 21, da carta do Louco à carta do Mundo, e refletem momentos influentes e importantes da vida.

Os arcanos maiores refletem a história da jornada da bruxa, a iniciação de aprendizados e experiências, que leva ao crescimento e à evolução da alma. A bruxa passa a descobrir mais a respeito do seu próprio ser e sobre o modo como interage com os aspectos emocionais, intelectuais, físicos e espirituais da vida. É uma jornada cíclica, que termina e recomeça muitas vezes durante a nossa vida. A jornada da bruxa é tão constante quanto as estações do ano e tão rítmica quanto os ciclos lunares que afagam a Terra. Espero que você faça uma boa jornada!

A Jornada Terrena da Bruxa

O Louco – O Carro

A carta do Louco é a de número zero porque contém todas as coisas. As cartas de 1 a 7 refletem a jornada terrena e a formação da personalidade. O Louco é a inteligência ativa e o princípio que impulsiona a bruxa. A bruxa parte em busca de aventuras e experiências. O Louco encontra uma série de personalidades, cada uma mais intrigante que a anterior, e aprende com cada uma delas: um carismático Mago, uma misteriosa Sacerdotisa, uma expressiva Imperatriz, um imponente Imperador e um Hierofante de ar professoral. O Louco explora a carta dos Amantes, extasiante e apaixonada, e segue adiante no Carro. A jornada terrena chega ao seu ponto culminante e a jornada espiritual tem início.

A Jornada Espiritual da Bruxa

A Força – A Temperança

O Louco descobre o mundo interior do espírito e da alma, que se estende além do corpo físico e impulsiona a imaginação ativa. O poder é recebido na carta da Força; o Eremita examina a natureza da alma. A Roda da Fortuna abarca os mecanismos místicos da realidade. A Justiça desvenda os propósitos superiores. O Louco contempla e integra todas as lições no Enforcado, apenas para perder tudo na Morte. Na Temperança, o Louco recomeça num nível superior de entendimento.

A Jornada Celestial da Bruxa

O Diabo – O Mundo

Depois de superar e enfrentar um medo profundo e a autorrepressão no Diabo, o Louco abre mão, na Torre, de todos os seus apegos e do desejo de controlar o incontrolável. Recém-libertado, o Louco ascende aos céus, como refletem as cartas da Estrela, da Lua e do Sol. O Julgamento o convoca com um último teste. O Louco se eleva para enfrentar o desafio e entra num estado de transcendência, a maior recompensa possível, na carta do Mundo.

Os arcanos menores

Os arcanos menores refletem momentos da vida cotidiana. Enquanto os arcanos maiores tendem a ser, de uma forma profunda, impactantes para a alma, os menores representam os altos e baixos da vida cotidiana. São compostos de quatro naipes e das cartas da Corte correspondentes.

Espadas: Ar

Ás – 10, Pajem, Cavaleiro, Rainha e Rei de Espadas

O naipe de Espadas reflete pensamentos, ideias e histórias. É a voz interior e exterior. Mostra como uma pessoa percebe seu papel no mundo e de que maneira pensa. Espadas é o naipe das decisões, o modo como a pessoa se comunica com os outros, a forma como as palavras e as opiniões de terceiros a afetam. Espadas refletem a qualidade da mente.

Espadas estão em sintonia com o elemento Ar. O ar se move tão rápido quanto a mente. É o vento que provoca pensamentos tempestuosos. É a leveza do oxigênio enchendo os pulmões e estabelecendo o ritmo da respiração, que depende do modo como a pessoa reage ao que está lhe acontecendo. Espadas cortam o ar abruptamente. Como as palavras, podem ferir ou proteger. Espadas podem ser o naipe mais assustador do tarô, porque é por meio desse naipe que os julgamentos pessoais são feitos. Espadas refletem a voz interior da bruxa.

Copas: Água

Ás – 10, Pajem, Cavaleiro, Rainha e Rei de Copas

O naipe de Copas reflete sentimentos, imaginação e sonhos. É a apreciação da arte, do amor e da beleza. Copas contêm todo o espectro das emoções, desde a fúria até o amor incondicional. São os altos e baixos emocionais e os sentimentos de escuridão total e de luz brilhante. Copas compõem o receptáculo da compaixão, onde brotam a empatia e o amor.

Copas estão em sintonia com a natureza emocional e mutável da água, desde o lago tranquilo do contentamento até os mares turbulentos da desolação. O elemento Água abrange os sentimentos — que fluem como um rio —, as nuvens da imaginação e as fantasias mais nebulosas. Copas contêm o granizo impiedoso da vergonha, a neve gelada do espanto e a chuva suave do deleite. É um receptáculo para ser preenchido com qualquer emoção.

Paus: Fogo

Ás –10, Pajem, Cavaleiro, Rainha e Rei de Paus

O naipe de Paus representa energia, paixão e virilidade. Reflete o desejo, o romance e a vida profissional. Paus representam as intenções, a crença e a divindade. É o calor da intensidade, o fogo interior dos objetivos e a devoção espiritual.

Paus estão em sintonia com o elemento Fogo e emulam o próprio Sol. Todas as coisas germinam e crescem sob a energia solar. As chamas crepitantes do fogo sustentam a vida ao aquecer o corpo e cozinhar alimentos. Paus é a chama ardente do desejo e as brasas incandescentes da paixão. O símbolo deste naipe está em sintonia com a varinha mágica do conjurador de feitiços.

Pentáculos[1]: Terra

Ás – 10, Pajem, Cavaleiro, Rainha e Rei de Pentáculos

O naipe de Pentáculos reflete tudo o que pode ser visto, farejado, sentido, provado e tocado no mundo físico. Pentáculos representam os amigos, familiares e animais de estimação, assim como a casa e o lar, as finanças pessoais e os recursos. Pentáculos são os alimentos que preparamos e consumimos todos os dias e a carne, o sangue e os ossos do corpo. Pentáculos refletem tudo o que pode ser medido e contado.

Pentáculos estão em sintonia com o elemento Terra. Representam a segurança da terra fértil e fecunda e a capacidade que ela tem de regenerar e renovar a matéria orgânica. Pentáculos são as placas tectônicas da mudança e a manipulação de projetos materiais. O pentáculo tem um formato circular, como as moléculas que compõem toda a matéria terrena.

Cartas da Corte

Todos os Cavaleiros, Pajens, Rainhas e Reis

As cartas da Corte representam aspectos do eu, da psique e da personalidade. São os diferentes papéis que você representa durante o dia. As cartas da Corte representam pessoas. São o eu, os amigos, a família e os colegas de trabalho. Elas são as pessoas com quem você se associa, as crianças de que você cuida, os estranhos que passam na rua. São personagens de filmes, peças e livros. As cartas da Corte oferecem estratégias e atitudes para qualquer tarefa que você tenha à mão.

---

1 O naipe de Pentáculos também é conhecido como Ouros em algumas tradições de tarô. (N.T.)

As cartas da Corte, algumas vezes, têm gênero. É útil pensar nelas em termos de energia. Todas as pessoas têm energias masculina e feminina, de juventude e maturidade, que podem ser equilibradas ou enfatizadas conforme necessário durante o dia, de acordo com a preferência e a circunstância.

- Pajens têm energia infantil.
- Cavaleiros têm energia juvenil.
- Rainhas têm energia feminina madura.
- Reis têm energia masculina madura.

O tarô e a astrologia

Há muitos séculos, os agricultores utilizam a energia dos astros para otimizar o plantio e as colheitas. Culturas que dão frutos (como milho e tomate) prosperam quando semeadas durante a lua crescente, enquanto bulbos florais e raízes tuberosas (como cenouras e beterrabas) crescem mais quando plantados durante a lua minguante. A atração gravitacional da Lua afeta o desenvolvimento das raízes. Praticantes de magia do Ocidente, há muito tempo, atribuem correspondências astrológicas a cada vegetal, fruta, erva e flor. O tarô também tem suas associações astrológicas.

As associações astrológicas modernas do tarô foram atribuídas por uma sociedade secreta de artistas, intelectuais e praticantes de magia chamada Ordem Hermética da Aurora Dourada. A Aurora Dourada foi fundada em Londres no início do século XX. Entre seus integrantes estavam o escritor Bram Stoker, o ícone literário W. B. Yeats e os criadores do baralho Rider-Waite-Smith — o ocultista Arthur Edward Waite e a ilustradora Pamela Colman

Smith. O grupo utilizava o tarô como princípio organizador da sua prática mágica.

A Aurora Dourada modificou a estrutura do tarô (invertendo a posição tradicional das cartas da Força e da Justiça) para adaptar os arcanos ao seu sistema astrológico, de modo que obtivessem uma simetria quase perfeita. As associações astrológicas deste livro estão de acordo com as associações da Aurora Dourada. Você encontrará a associação astrológica de cada carta logo abaixo da palavra-chave.

O tarô e a numerologia

Números e padrões são muito úteis quando interpretamos os significados das cartas. Assim como a semente de uma fruta passa por várias etapas de crescimento até se tornar uma árvore, os números no tarô expressam a maneira como uma situação está se desenvolvendo, por isso eles são uma espécie de atalho para a leitura e a interpretação. O número da carta descreve em que ponto a situação está e como ela está se desenrolando. Tudo o que o leitor precisa fazer é verificar o número e incluir na interpretação a qualidade do naipe. Por exemplo, uma tiragem contendo muitos ases sugere muitas ideias e opções novas. O dois e o três indicam os estágios iniciais de um ciclo. Por outro lado, uma tiragem contendo vários dez mostra que a situação está chegando ao fim. Oitos e noves refletem um apogeu. O número cinco é o ponto intermediário de um ciclo e sugere uma dificuldade ou um desafio a superar.

- 1 = novos inícios e novas ideias; a semente.
- 2 = escolhas a serem feitas antes de prosseguir; o broto surgindo.

- 3 = criatividade e cooperação são necessárias; folhas e gavinhas.
- 4 = estabilidade; raízes saudáveis estão firmes no solo.
- 5 = desafios e dificuldades; estiagem, tempestades, pragas.
- 6 = dádivas e bons sentimentos; a primeira flor.
- 7 = sorte e sincronicidade em todos os lugares; florescimento inesperado.
- 8 = facilidade, fluidez e resultados; plantas fortes e saudáveis, prontas para dar brotos.
- 9 = você está conseguindo alcançar o que deseja; desfrutando da colheita.
- 10 = a situação chega a uma conclusão; preparação para o inverno.

Mensagens ocultas nas cores

As cores podem ser interpretadas como um símbolo. Use-as para obter informações sobre as energias que estão fluindo. A chave para interpretar as cores é a experiência pessoal. O azul do céu a faz se sentir sonhadora? O roxo da uva a envolve com uma sensação régia? O amarelo a faz querer cantar como um canário? Seu sangue bombeia mais rápido quando você vê um tom vermelho-vivo? O prateado cintilante a faz se sentir luxuosa? Considere como você se sente em relação às cores e use isso para interpretar a mensagem das cartas.

Exemplo de como interpretar as cores

Eis um exemplo de como interpretar as cores de uma carta. Uma garota chamada Jack pergunta ao *Tarô do Jardim da Bruxa*:

"Em que preciso manter a atenção para ter um ótimo dia?". Ela embaralha as cartas, tira uma e se depara com o Três de Paus. Os suaves tons rosa e roxo da carta a fazem se lembrar da voz sutil da intuição. A mensagem da carta, no caso dela, é: "Ouça o seu eu interior para despertar sua magia hoje. As escolhas mais importantes são aquelas que brotam dentro de você!". Ela examina o restante da carta. O naipe de Paus reflete energia. Ela vê que é um bom dia para fazer progressos. A figura da carta lança um feitiço em movimento. Jack interpreta isso como uma oportunidade para iniciar algo novo.

Jornadas de meditação

O conhecimento transmitido pelos livros é útil; no entanto, para conhecer o tarô de verdade, é necessário que você "vivencie" as cartas. Meditar contemplando as cartas é a chave para desbloquear aspectos delas que de outro modo passariam despercebidos. Assim como a meditação sobre uma erva ou uma flor revela os segredos dela para você, as meditações sobre as cartas do tarô desencadeiam mundos viscerais de assombro e fascínio.

Para meditar sobre uma carta do tarô, reserve um tempo em que não será perturbada. Limpe a mente de todas as distrações. Se pensamentos aleatórios invadirem sua mente, observe-os e deixe-os ir. Inspire e expire profundamente três vezes. Contemple a carta do tarô escolhida. Observe-a com um olhar relaxado. Repare no estilo e no formato da ilustração da carta. Aprofunde-se na imagem, explorando a carta com o olho da mente. O que você vê além das bordas da carta? O cenário continua? Que sons chamam a sua atenção? Um cachorro está latindo ou folhas estão farfalhando? Você sente o cheiro de uma flor ou o aroma de lenha queimando? Como a carta a faz se sentir? Você consegue sentir o frescor da água de um pequeno lago ou sentir no nariz as cócegas provocadas pelas asas de uma fada?

O ponto alto da sua meditação pode ser um pedido para receber uma mensagem direta do cerne da carta. Anote essa mensagem em seu grimório. Se a mensagem ou o conselho não fizer sentido no início, dê tempo ao tempo. Contemple-a um pouco mais, em vez de tirar outra carta ou buscar uma mensagem secundária. Sempre termine sua meditação com uma palavra de gratidão. Reconheça a mensagem com um gentil agradecimento, dizendo para si mesma ou em seu interior: "grata". Sempre trate as cartas com educação e respeito. Pedimos muito ao tarô, e precisamos nos lembrar de retribuir a gentileza, assim como faríamos em qualquer relacionamento.

Parte 3

O cultivo da profundidade e do significado

Agora que as sementes da prática de tarô foram plantadas, é hora de cavar mais fundo, mergulhar com mais profundidade e explorar cada carta. As descrições a seguir, das 78 cartas, incluem:

- um número para ajudar nos atalhos numerológicos
- uma palavra-chave que serve como atalho para o significado da carta
- uma associação astrológica atribuída pela Ordem da Aurora Dourada
- uma fórmula mágica, uma rima ou um encantamento para você usar em feitiços de tarô

- uma explicação — as cartas são repositórios infinitos de sabedoria e significado, por isso, incentivo você a desenvolver seu relacionamento com cada carta e buscar seus significados pessoais
- os significados das cartas na posição normal e invertida — atalhos para a linguagem visual do tarô e interpretações básicas
- um conselho "para corrigir a inversão" — as cartas invertidas, às vezes, são vistas como bloqueios energéticos; se você não se sentir confortável com o significado da carta invertida, faça a pergunta proposta no final da seção: tire uma segunda carta para respondê-la; a primeira carta tirada na posição normal proporcionará uma resposta e uma sugestão sobre a maneira como você pode corrigir a inversão

0 · O Louco

O início

Ar

Fresca como o orvalho ao amanhecer,
num conto de fadas, você surgirá.
Os degraus são íngremes, não importa.
Confie no destino: dê o salto e verá.

A jornada da bruxa começa com a chegada de uma misteriosa figura. Seu nome é "o Louco". A aparição do Louco marca um novo começo. É um novo capítulo numa história em curso. Zero é o seu número. O Louco reflete o potencial puro da alma. Ele é o começo e o fim. É toda possibilidade infinita. Todo o tarô existe dentro desta carta. O Louco é a semente do tarô.

O segredo da carta do Louco é confiar no que se revela a cada instante. Seu rosto se inclina para a luz solar. A figura da carta caminha sem se preocupar com o mundo, embora o caminho a conduza a um precipício íngreme. O solo a sustenta quando seus pés tocam o chão. Não há medo, nem expectativa, nem perigo. Confie na jornada.

O Louco não carrega o peso das encarnações passadas. Carrega apenas o necessário. A ferramenta em sua mão prenuncia trabalho. A trouxa de couro balançando contém experiências passadas. Um livro descartado marca lições aprendidas e deixadas para que outro viajante o encontre. Uma rosa branca de

alquimista decora a capa do livro que a figura segura na mão. A rosa branca representa a união de opostos, que dá origem a uma nova evolução.

O símbolo do elemento Ar está bordado em seu peito. A manifestação é vista em suas botas e nas flores desabrochadas. Um cão salta alegremente ao seu lado, representando a alegre comunicação e o companheirismo dos animais. Ninguém caminha sozinho. A carta do Louco indica uma nova aventura à frente.

NA POSIÇÃO NORMAL: Novo começo. Potencial para florescer. Liberdade e viagem. Inocência e otimismo. Comportamento tolo e excêntrico. Alguém que vem de outro lugar. Um novo capítulo.

NA POSIÇÃO INVERTIDA: Cegueira. Ignorância. Infantilidade. Imprudência. Indiscrição. Irresponsabilidade.

Para corrigir a inversão, pergunte-se:
Como posso recomeçar?

I · O Mago

Domínio

Mercúrio

Como acima, assim embaixo.
Elementais infundem o ardor do verão.
Agite o ar; o feitiço é lançado.
Bruxaria nas veias, magia em ação.

Conjurei o jardim da bruxa no terreno abandonado de uma fazenda maltratada, de terra seca e poeirenta. Com cuidado, atenção e encantamento, transformei com carinho uma terra infértil em campos e florestas férteis. O jardim está aberto para corações curiosos, para pessoas que precisam de cura e qualquer um que abrace o mistério do amor.

Estou atrás de uma mesa entalhada feita de macieira, que uso para adivinhação, leituras de tarô e feitiços de cura. Minhas ferramentas são símbolos dos quatro naipes (uma espada, um pentáculo, um cálice e uma varinha), que aguardam o meu comando. Minha mão direita faz um gesto em direção ao céu. Minha mão esquerda canaliza essa energia numa explosão de lírios brancos.

Minha cintura está cingida com um cinto de cobra, vermelho como as rosas ao meu redor e associado ao amor transformador e feroz do fogo. A cobra devora sua cauda quando a cabeça encontra o fecho, formando o símbolo sagrado do infinito. O símbolo do planeta Mercúrio em meu peito representa a comunicação e a capacidade de transitar entre os mundos.

Uma videira cor de esmeralda projeta um lemniscata sobre a minha cabeça. Isso simboliza a energia que nunca é criada nem destruída, apenas transformada. A mesa é entalhada com símbolos astrológicos, que representam minha capacidade de trabalhar com a energia dos astros. Um gato preto, uma raposa, uma aranha e um lagarto refletem os quatro cantos do Universo.

Eu me apresento para reafirmar o seu poder e a sua capacidade. Você é a maga que criou o mundo ao seu redor. Responda ao mundo em vez de reagir. Seja quem você é e desfrute do seu poder radiante.

NA POSIÇÃO NORMAL: Entusiasmo. Iniciativa. Carisma. Flexibilidade. Ação poderosa. A afirmação "como acima, assim embaixo" simboliza a harmonia do Céu e da Terra. Você é o Universo; o Universo é você. Seja a magia para lançá-la.

NA POSIÇÃO INVERTIDA: Arrogância. Impotência. Comunicação deficiente. Talentos ocultos.

• • • • • • • •

Para corrigir a inversão, pergunte-se:
Estou aqui para fazer o quê?

II · A Sacerdotisa

Introspecção

Lua

Respostas borbulham, águas fluem.
No seu brilho lunar está liquefeita.
Livro da vida, noite de paz.
A harmonia da alma parece perfeita.

Os raios prateados da Lua acordam você de um sono profundo. Você flutua como um fantasma pelo jardim da noite, à beira d'água, num vale secreto (*será que está sonhando?*). Sombras e névoas se misturam, dando origem a uma visão. Olhos brilhantes espiam através de um véu, com um leve zumbido de eletricidade.

A Sacerdotisa olha para dentro de si. Ela é a essência do espírito, mas também o movimento das folhas, a sabedoria dos salgueiros e a ausência de forma da água. Ela é a autenticidade da alma. A Sacerdotisa, como a psique revelada, engloba toda a sabedoria nela contida. Ela é o silêncio da noite e os tranquilos sussurros da intuição.

O segredo da Sacerdotisa é o silêncio. Todas as probabilidades do mundo visível e invisível existem dentro do silêncio. A Sacerdotisa é a pausa entre a inspiração e a expiração, é a quietude da mente antes de embaralhar as cartas, é o modelo de autenticidade e todos os segredos ocultos.

Sua leve vestimenta perolada se dissolve na água. Ela é a fonte das águas que fluem e refluem e a essência do fluxo. Ela percorre cada carta, interligando-as como os rios, riachos e oceanos. Ela se move sem impedimento e sem oferecer nenhuma resistência.

Os dedos dos pés dessa criatura lunar repousam sobre o reflexo da lua crescente. Sua coroa com uma lua tríplice representa as revelações, as manifestações e a libertação. Ela segura na mão um pergaminho, o livro que representa você. O pergaminho não pode ser lido. Ele só pode ser vivido. O selo do pergaminho contém uma cruz, a interseção do espírito invisível com o mundo físico, do corpo. Ela é a fonte de tudo o que você já foi, é e sempre será.

NA POSIÇÃO NORMAL: Apoie-se no autoconhecimento. Acesse o poder interior. Honre o eu sagrado. Intuição. Silêncio. Descobrir quem você é. Modelo. Eternidade. Autenticidade. Mistério. Perfeição. Divindade.

NA POSIÇÃO INVERTIDA: Prisioneira do mundo. Presa e confusa. Perda da fé. Fora de sintonia.

• • • • • • • •

Para corrigir a inversão, pergunte-se:
O que está florescendo dentro de mim?

III · A Imperatriz

Criatividade

Vênus

Mãos de mãe, lábios de amante.
Em seus quadris, bebês querem se agarrar.
O amor criativo é abundante em você.
Coloque amor em tudo o que elaborar.

A luz dourada da manhã ilumina seu quarto no irromper da aurora. Você acorda e descobre que chá, torradas e geleia de framboesa lhe foram servidos numa bandeja. Você limpa a última migalha do queixo e sai para fazer uma caminhada se sentindo disposta e cheia de inspiração. É o dia perfeito para explorar os campos de flores, além do jardim. Você segue um caminho ladeira acima, ladeado por um belo muro de pedra. Um magnífico salgueiro se ergue ao longe e você entra num campo de trigo ondulante e vai em direção a ele. Você se lembra de que o grão, a abundância e a colheita são sagrados para a deusa grega Deméter quando uma figura a detém e interrompe sua caminhada. Você pisca para ter certeza de que essa visão deslumbrante de uma mulher não é fruto da sua imaginação. "Olá!", ela diz. "Eu sou a Imperatriz!"

O olhar majestoso e onisciente da Imperatriz envolve você, como faz com todas as criaturas. Ela é a mãe arquetípica que dá à luz, no aspecto literal e metafórico, todas as coisas do Universo. As doze estrelas deslumbrantes da sua coroa representam os signos do zodíaco. O símbolo de Vênus, planeta da beleza, do amor e do prazer, decora sua almofada. Uma varinha encimada por uma romã dourada representa a fertilidade, assim como o suave ventre arredondado que ela protege sob as dobras do vestido vermelho-cereja. Sua foice simboliza a abundância das colheitas e a mudança das estações. Seu livro traz o conhecimento reunido do Céu e da Terra — os segredos do mundo manifesto e de todos os aspectos femininos.

Seu segredo é a magia da imaginação. A Imperatriz surge como uma explosão de impulso criativo. Ela simboliza o desejo, o estilo e a sensualidade. Reflete gestos expressivos, ação inovadora e energia de desenvolvimento ilimitado. Representa a capacidade de dar forma à ideia que brota em sua mente, moldá-la e nutri-la até lhe dar substância no plano material.

Na posição normal: Abundância. Maternidade. Águas do nascimento. Fertilidade. Compaixão. Criatividade. Natureza. Entusiasmo. Iniciativa. Arte. Colheita. Expansão.

Na posição invertida: Comportamento suspeito. Condutas inconstantes. Pensamentos cruéis. Ações egoístas escondem pensamentos baseados no medo. Pais problemáticos. Bloqueio criativo.

• • • • • • • •

Para corrigir a inversão, pergunte-se:
O que posso nutrir?

IV · O Imperador

Autoridade

Áries

Estabeleça o limite, demarque o terreno.
Reúna esforço, erga a mão.
A capacidade prospera quando é bem definida.
Sinta seu domínio no coração.

Uma cabra balindo faz você se afastar da Imperatriz e avistar o consorte espiritual dela, na extremidade de um campo. Um homem surge tão sólido quanto a antiga barreira de pedra sobre a qual ele está sentado. Os olhos dele estão fixos em você. Seus trajes são do mesmo tecido de que é feito o vestido da Imperatriz. Ela prendeu os cabelos dele com um cordão dourado. Sua coroa é feita da madeira da árvore da Imperatriz. Este é o Imperador.

O Imperador é o parceiro espiritual da Imperatriz. Ele reflete um impulso ordenador à criatividade dela. A energia do Imperador propicia forma e estrutura para a expansão ilimitada da criatividade. Toda pintura requer uma tela. Ele é a cadência musical, a musculatura poética e a estrutura molecular da natureza. O casal reflete yin e yang, inspiração e expiração e a natureza rítmica da expressão e da formação.

Sua ação está ligada a antigos rituais romanos e etruscos para marcar o início de algo novo. O segredo do Imperador são os

limites. Ele usa um bastão para traçar uma linha na areia. Esse gesto serve para preservar um espaço pessoal, marcar um hábito poderoso e demonstrar um controle firme quando necessário. Um *ankh*, símbolo egípcio da vida eterna, dá forma ao seu bastão. A visão e a perspicácia do Imperador estão representadas pela águia dourada em seu ombro. Sua ambição e sua independência tomam a forma de uma cabra irlandesa. Na mão direita, ele segura uma romã dourada idêntica à fruta cintilante presente no cetro da Imperatriz. O símbolo reflete a parceria espiritual dos dois. Sua força vem da disposição para se adaptar e se ajustar. A flexibilidade do Imperador é o que lhe proporciona o seu poder. Ele está sentado sobre um muro de pedra, mas seus limites não estão definidos na pedra. O Imperador os ajusta conforme é necessário.

Na posição normal: Estabeleça seus objetivos. Adote hábitos poderosos. Exerça controle firme. Fomente a liderança. Crie um sistema de regras flexível. Cultive a autodisciplina. Proteja o eu. A situação presente requer seriedade.

Na posição invertida: Problemas com o pai. Impulso dominador. Decisões arbitrárias. Indecisão por pura teimosia.

• • • • • • • •

Para corrigir a inversão, pergunte-se:
Como posso ser mais flexível neste momento?

SECRET
GARDEN

V · O Hierofante

Conselheiro

Touro

Use a chave, destranque a porta.
Solucione um mistério que se revela.
Uma vida bem vivida supera o tempo.
Lições se ocultam onde menos se espera.

Um caminho musgoso de relva e tomilho rasteiro leva de volta ao jardim. Você caminha devagar, refletindo sobre tudo o que viu desde a sua chegada. Uma trepadeira de rosas silvestres escarlates sobe por uma parede. A folhagem cresce densa, e a luz solar é bloqueada pelo dossel formado pela copa das árvores. O perfume intenso das rosas a deixa tonta e inebriada. Um gato se esfrega nos seus tornozelos e corre ao ouvir uma risada suave mais adiante. Seguindo em frente, você avista uma anciã, uma bruxa avó. Ela é a versão feminina do Hierofante.

A Hierofanta abre uma porta para seus jovens alunos. Num gesto metafórico, ela se posta no limiar entre o visível e o invisível. Essa anciã detém os mistérios coletivos e toda filosofia e religião. Ela é a mestra que reuniu os segredos da magia, da natureza e do Universo.

Elixires e poções pendem da cintura dela, que usa uma coroa de três camadas simbolizando os reinos inferior, médio e superior. Com a mão posicionada num gesto tradicional de bênção, ela conduz seus aprendizes para dentro. Uma chave pende do seu punho e chaves cruzadas adornam o brasão da sua porta. As colunas da porta representam as colunas da Árvore da Vida cabalística. O corpo da Hierofanta é o caminho do meio da árvore que integra a polaridade combinada da vida, do amor, da experiência e do conhecimento.

O Jardim Secreto, de Frances Hodgson Burnett, coroa uma pilha de livros. A experiência espiritual é muito bem expressa por meio da poesia, da música, da arte e da literatura. As artes são a expressão de mistérios inefáveis que não podem ser verbalizados. O segredo da carta do Hierofante é que toda pessoa é um universo particular.

Na posição normal: Mestre e aprendiz. Mentoria que atua nos dois sentidos. Ajuda e bondade. Tradições e rituais. Grupos e ambientes educacionais. Ensino por meio de exemplos. Aprendizado ao longo da vida.

Na posição invertida: Avidez por poder e intransigência. Superficialidade e caráter enganoso. Ausência e irresponsabilidade.

• • • • • • • •

Para corrigir a inversão, pergunte-se:
Que lição preciso aprender?

VI · Os Enamorados

Eros

Gêmeos

No âmago do pomar verdejante,
no brilho luxurioso da maçã,
a paixão rosada fere o dedo.
Corpos entrelaçados num afã.

Você é tomada de euforia ao se aproximar dos vastos pomares do jardim. O ar úmido e quente circula entre as frutas viçosas pendentes nos galhos. Abelhas poeirentas despejam pólen enquanto zumbem entre as flores. Você entrou no reluzente campo mágico de feitiços mais almejado. Você entrou na carta dos Enamorados.

Os Enamorados alimentam a força mais poderosa do Universo. Uma suculenta maçã vermelha e rosada é mordida. A consumação do amor leva à manifestação imediata, como visto nas trepadeiras e nas gavinhas de ipomeias. A magia mais doce da vida é saboreada.

O amor consensual é transcendental, oculto e metafísico por natureza. Almas entrelaçadas tornam-se fluidas e livres e não sentem mais a sobrecarga do corpo. A visão se expande. O amor abre canais de comunicação onde não há palavras.

O segredo dos Enamorados reside na potência do que é possível, não no que é sustentável. O amor avassalador que

agita a alma, que faz morder o lábio até sangrar, é uma droga natural. Metas físicas, biológicas e espirituais são incorporadas. Mas não há necessidade de se lamentar quando o amor erótico acaba ou se transforma em algo diferente. O segredo mais estimado de uma bruxa é infundir o amor apaixonado em cada nuance. Alinhave o amor com a agulha da intenção em cada aspecto da sua vida.

Na posição normal: Novo romance. Atração e desejo erótico. Chakra da Raiz e fonte de vida. Relacionamento apaixonado. Escolha e vulnerabilidade. Energia devocional. Força vital.

Na posição invertida: Mal-entendido e contradição. Repulsa e rejeição. Hora pouco propícia. Obstáculos e desafios para casais desiludidos.

• • • • • • • •

Para corrigir a inversão, pergunte-se:
Como posso amar a mim mesma?

VII · O Carro

Movimento

• • • •

Câncer

A ambição impulsiona quem conduz.
Avance e supere todos os medos.
Os cascos ecoam o som do trovão.
Trace um curso, inspire a todos.

O trovejar dos cascos num galope e o ruído cadenciado das rodas de madeira sobressaltam você, enquanto o reconhecimento inunda o seu corpo. Essa energia já foi sentida antes em jornadas, planos executados e projetos. Ela explode quando se toma as rédeas da ágil engrenagem da força viva. Trata-se do arquétipo do Carro.

A natureza simbólica do Carro evoca a imaginação mítica. O dossel de quatro cantos do Carro reflete os quatro elementos. O tecido celestial representa a vastidão infinita do potencial. Todos os resultados são possíveis. O Carro transborda com a abundância do verão. Está trazendo talentos pessoais e dádivas para o mundo. Um espírito rústico de fertilidade pega carona. A presença do sátiro é um lembrete da natureza mágica do compromisso. Ajudantes invisíveis e novas energias são atraídos como mariposas para o fogo quando alguém se compromete a agir.

A coroa do Carro é feita da luz das estrelas. O centro do veículo revela o magnetismo lunar das três fases da Lua. É a adaptabilidade e a disposição para mudar de curso conforme as condições exigem. A parelha de cavalos — um da cor do café, o outro tão pálido quanto as sombras da Lua — representa forças opostas. A tensão combinada gera a energia para avançar.

O segredo da carta do Carro é a iniciativa. O Carro simboliza o movimento através do espaço liminar. É voar entre os limites do conhecido e do desconhecido depois que um curso de aventura e determinação é estabelecido. É toda a assistência imprevista, dádivas e circunstâncias que eclodem para ajudar ao longo do caminho.

NA POSIÇÃO NORMAL: Força de vontade e autodisciplina. Viagem e empolgação. Vitória, sucesso e conquista. Certeza na ação mesmo quando o resultado não está claro. Confiança profunda e completa e compromisso.

NA POSIÇÃO INVERTIDA: Lento e abafado. Desanimado e fraco. Ímpeto perdido e caído no esquecimento. Lânguidas poças de tédio. Fora da rota.

• • • • • • • •

Para corrigir a inversão, pergunte-se:
Para onde eu quero ir?

VIII · A Força

Poder

Leão

Os mirtilos irrompem com o brilho do verão.
Acolha a graça interior, deixe fluir.
A força não é algo que se declare.
Confie em si mesma e saiba persistir.

Ao voltar para dentro dos bosques, você se surpreende ao tropeçar num arbusto de mirtilos. Joga mirtilos suculentos e doces na boca e os saboreia na língua. Depois, avista figuras entre os galhos do mirtilo e se aproxima para descobrir o arquétipo da Força.

Dois filhotes de urso peludos observam enquanto a mãe abre a boca para que um ser humano cuide dela. As garras afiadas da mãe ursa são visíveis. Interferir na interação entre uma mãe e seus filhotes é a situação mais perigosa do mundo, mas a Força está muito tranquila. Ela não usa força, mas um toque gentil. Uma cesta cheia de frutas é um lembrete das dádivas que recebemos, sobretudo quando dominamos os nossos medos e as nossas tendências autodestrutivas.

Uma lemniscata brilhante acima da cabeça da Força simboliza a fusão sem esforço. O símbolo do Sol em Leão repousa sobre seu coração, marcando a associação astrológica da carta e

a ferocidade do verão. A Força abre e fecha a boca da mãe ursa como se a avaliasse.

A energia é estimulada não controlando os outros, mas abrindo e fechando reservas interiores de poder. Um toque gentil é mais forte do que a força bruta. O segredo da Força é o autocontrole.

NA POSIÇÃO NORMAL: Paciência e coragem sutil. Ter mais sagacidade que os outros. Resistência e firmeza. Usar lições do passado para gerar o presente.

NA POSIÇÃO INVERTIDA: Fraqueza e crueldade. Trabalho descuidado e preguiçoso. Atitudes brutais decorrentes de um sentimento de inferioridade.

• • • • • • • •

Para corrigir a inversão, pergunte-se:
Como posso cultivar a gentileza com os outros e comigo mesma?

IX · O Eremita

Reclusão

Virgem

A lua nova mantém a escuridão da noite.
Verdade revelada à luz do lampião.
A quietude se instaura, os instintos fluem.
Volte-se para dentro, abra a intuição.

A cortina de veludo da noite cai sobre o jardim. Gavinhas perfumadas de lavanda e melissa a conduzem às profundezas do jardim de ervas. A aconchegante luz do fogo ilumina a cabana da bruxa conhecedora das ervas. Ela sai da casa e fecha a porta atrás de si. Veste um manto verde protetor com o capuz sobre a cabeça, para não revelar seu conhecimento. Na cintura, ela leva uma trouxinha de amuletos e um feixe de ervas, que representam os trabalhos de magia com plantas que ela faz na solidão da floresta. Um junípero plantado num vaso é o protetor elemental de todo o seu conhecimento adquirido. Ela ergue o lampião da sua sabedoria enquanto um silencioso grupo de camundongos se reúne à sua frente. Esta é a carta do Eremita.

O segredo do Eremita é a introspecção. Mestres e guias oferecem inspiração, dicas e codificação, mas você precisa se voltar para seu mundo interior, em busca de respostas. A verdade só é cultivada quando nosso foco se volta para dentro. A prática contemplativa gera sabedoria.

A cabana do Eremita desta carta representa o isolamento físico. É o afastamento do eu da influência, dos pensamentos e das energias alheias. O caminho do autoconhecimento do Eremita parte da análise do eu. É a observação dos pensamentos, do conhecimento somático e das emoções. A carta do Eremita aparece quando é hora de afastar o eu, por um tempo, da companhia dos outros. Essa decisão permite que a luz interior da inspiração brilhe e ilumine o ambiente a sua volta.

NA POSIÇÃO NORMAL: Introspecção e solidão. Afastamento, retiro e isolamento. Cautela e busca interior. A luz interior como um farol para os outros.

NA POSIÇÃO INVERTIDA: Exaustão por se doar demais aos outros, por apoiar as outras pessoas, menos a si mesma. Esconder-se, disfarçar-se e fugir. Evitar comprometimento. Um embarque clandestino.

• • • • • • • •

Para corrigir a inversão, pergunte-se:
Como posso dar prioridade a mim mesma?

X · A Roda da Fortuna

Tempo

Júpiter

Alento pulsante e Pai do Tempo...
O universo se expande, o relógio ecoa.
Em redemoinhos do espaço você vai entrar.
Para manter o curso, convém se centrar.

Um vale banhado de Sol atrai você para mais perto do fluxo de água corrente. Um zumbido no estômago a puxa em direção a uma fonte de energia pulsante. Você se aproxima e descobre que não é a única atraída para este local mágico. Você está diante da Roda da Fortuna.

Uma flor de lótus cor-de-rosa floresce no centro da roda. Flores de lótus se enraízam na lama profunda e turva. Elas brotam na superfície e abrem suas pétalas à luz solar todos os dias. Esse processo lembra a natureza humana de se mover da escuridão para a luz. A roda forma uma mandala, que é um mapeamento do espaço. Quatro raios marcam as quatro direções com os símbolos alquímicos da Terra, do Ar, do Fogo e da Água. Quatro raios adicionais dividem o espaço e são gravados com letras que formam a palavra TARO [tarô]. Elas também podem ser organizadas para formar as palavras ROTA, que é o termo em latim para "roda", e TORA [torá], uma versão da palavra hebraica que significa "lei".

T
A
R
O

Os animais ao redor da roda marcam várias fases dos ciclos da vida. Todas as passagens estão incluídas: desde décadas até anos, desde dias até minutos, desde os ciclos da Lua até os ritmos sazonais da natureza. Uma sábia coruja de visão penetrante, pousada acima da roda, representa visão clara, sabedoria e estabilidade. Uma serpente desce pela roda como uma energia em declínio e de retorno à terra. Uma raposa sobe na roda, marcando a ascensão e o aumento da vitalidade.

Os quatro cantos são marcados pelo tetramorfo formado pela criança, pela fada, pelo felino adormecido e pelo fauno, cuja música da sua flauta lança um feitiço onírico no ambiente. Essas figuras estão associadas aos quatro elementos e aos quatro cantos do Universo.

O segredo da Roda da Fortuna é a fluidez. A vida é fluxo, não é fixa. Mantenha seu olhar interior fixado no eu florescente, a flor de lótus, para manter o equilíbrio. Essa é a única maneira de permanecer firme em meio aos fluxos e refluxos da vida.

Na posição normal: Movimento. Uma mudança na sorte. Seguir o fluxo. Reviravolta favorável nos acontecimentos. Ciclos e energia universal.

Na posição invertida: Sensação de aprisionamento, desequilíbrio e ausência de controle. Ansiedade.

• • • • • • • •

Para corrigir a inversão, pergunte-se:
No que posso me concentrar
para trazer paz?

XI · A Justiça

Regras

Libra

O karma inclina a balança do destino.
Arregace as mangas; não é tarde demais.
A fortuna favorece o corajoso e o destemido.
O futuro é seu, esqueça o que ficou para trás.

O olhar poderoso de uma figura se ergue sob uma pérgola. Sua natureza feroz e decidida faz você parar no meio do caminho. Os olhos dela se encontram com os seus e você sabe, sem palavras, que os pratos da balança estão diante de você. A figura volta da coleta. Você sabe que está diante do arcano da Justiça.

A tradicional venda nos olhos da Justiça está pendurada em volta do seu pescoço. A Justiça usa seu dom da visão para observar todas as ações e consequências. O retorno obtido equivale ao trabalho realizado. A Justiça estabelece as regras do jogo. O segredo da Justiça é o karma.

A Justiça é um lembrete da visão e da responsabilidade pessoal. A autodeterminação determina as regras pelas quais você vive. Cada escolha cria um efeito cascata; cada ação, uma resposta. Por tradição, a Justiça reflete a lei e a ordem social, os contratos e acordos legais. Do ponto de vista esotérico, a Justiça diz respeito à verdade superior e à discriminação, aos ciclos espirituais e morais e aos códigos.

Dois pilares de madeira emolduram a carta da Justiça, que representa o pilar do meio na mística Árvore da Vida. A figura da Justiça integra expansão e ação, como a síntese de polaridades opositivas. Suas cestas estão cheias e equilibradas. A espada da Justiça está cravada no chão como um lembrete para se confiar na bússola interior da verdade.

Na posição normal: A ação dá frutos. Questões morais. Senso de certo e errado. Regras. Questões legais e assuntos relacionados à lei. Processos judiciais e contratos. Estabelecendo a lei. Força na responsabilidade e na justiça. A delegação de regras.

Na posição invertida: Ilegalidade. Injustiça. Ausência de lei. Irresponsabilidade. Desequilíbrio. Chantagem.

• • • • • • • •

Para corrigir a inversão, pergunte-se:
Pelo que sou responsável?

XII · O Pendurado

Pausa

Água

Musgo barba-de-velho e árvore antiga.
A resposta não é preciso que alguém diga.
Diminua o ritmo, encontre agora o seu passo,
e você desvendará o tempo e o espaço.

Você pisa na terra macia ao longo do curso d'água da Roda da Fortuna. O riacho se alarga à medida que corre para a foz de um grande rio. A água do rio é profunda, escura e densa por causa do musgo barba-de-velho. Uma figura está suspensa, pendente de um salgueiro-chorão. É uma mulher enforcada.

A sabedoria do salgueiro proporciona muitas lições a ela, que vislumbra a energia da árvore e aprende a afundar as raízes de sua alma na terra fértil, enquanto se estende para cima e para fora. Há um ouriço perto dela; seus espinhos parecem macios como pelos, embora sejam afiados e possam proteger a ambos.

O segredo da carta do Pendurado é a imanência. Sua suspensão permite que a mulher olhe bem no fundo do que está diante dela. Ela enxerga através da aparência de qualquer pessoa, qualquer lugar ou coisa e está dentro dessa coisa por inteiro. Ao fazer isso, ela observa centelhas de divindade em tudo que a rodeia. O mundo está vivo com um fluxo pulsante de magia efervescente. Nada é como parece na superfície. É uma transcendência.

NA POSIÇÃO NORMAL: Uma mudança de perspectiva. Espera. Olhar profundo para o cerne do mistério. Yoga e introspecção. Místicos e artistas. Mistério divino e mudança profunda por meio da qual se pode ver o mundo.

NA POSIÇÃO INVERTIDA: Surpresa, movimento e segunda visão. Receber uma transfusão energética. Esta carta invertida é tão vibrante quanto na posição normal.

• • • • • • • • •

Para corrigir a inversão, pergunte-se:
Como posso olhar com mais profundidade?

XIII · A Morte

Transformação

••••

Escorpião

Decadência e morte, crânio e osso.
A velha ordem vai para o fundo do poço.
Não tenha receio, não há motivo pra lamento.
Levante-se que é hora do seu renascimento.

Os dedos ossudos do ar frio fazem cócegas em seu pescoço e acariciam suas bochechas. As folhas produzem um ruído agradável sob os seus pés enquanto você entra num cemitério. Uma mulher se curva diante de uma lápide. Seus gritos atormentados cortam o ar como uma lâmina. Você entrou no arcano da Morte.

A Morte marca a transição de energia de uma forma para outra. Em sua superfície, o arquétipo ecoa os ciclos da vida, em especial os términos. Uma garota de cerca de 6 anos oferece uma abóbora para a Morte. Ela ainda não aprendeu a temer o que é natural.

A Morte, num nível esotérico, marca a qualidade iniciatória da bruxaria. A bruxa toma posse do seu poder e explora o mundo através de novos olhos. Ela mergulha através da trama da realidade. Ela pode empreender práticas xamânicas, trabalhar com a magia das sombras, conhecer as ervas, fazer viagens astrais etc., mas seu eu antigo é descartado. O segredo da Morte é que a morte não é o oposto da vida. A morte é a energia da transmutação que torna toda a vida possível.

NA POSIÇÃO NORMAL: Mudança radical e transformação. Chakra da Raiz. Términos e perdas. Destruição e entropia. Libertação. A iniciação do ocultista em níveis mais elevados de exploração e aprendizado.

NA POSIÇÃO INVERTIDA: Relutância em aceitar mudanças. Apego ao que já se foi. Estagnação.

• • • • • • • •

Para corrigir a inversão, pergunte-se:
Como posso deixar ir?

XIV · A Temperança

Complexidade

Sagitário

A fusão flutua enquanto os pássaros voam.
Erga o olhar, deleite-se com o que vê.
Ideias frescas como o orvalho da manhã.
Magia alquímica misturada por você.

Uma bruxa paira com um pé na terra e outro acima da superfície da água. Dentro de uma biosfera complexa de manifestação está o arquétipo da Temperança.

A Temperança é, em geral, interpretada literalmente. Simboliza moderação, restrição e abstinência, mas, no momento em que você fixa os olhos nela, percebe um sentido mais amplo. A Temperança mescla as possibilidades com suas duas taças. Ela funde a energia da vida e da morte. Representa o yin e o yang enquanto habita o espaço entre o silêncio e a fluidez. Ela é o movimento entre o eu espiritual e o eu terreno. A Temperança representa o aprimoramento das habilidades. Temperar uma lâmina é torná-la mais afiada, é melhorar a sua eficácia.

A complexidade é o segredo da Temperança. Pensamentos e ideias opostas são mantidos e mesclados de maneiras inesperadas. A sinergia substitui a repressão, abrindo espaço para a graça e a dignidade e gerando uma possibilidade mais radiante. Um caminho para a evolução se estende à sua frente.

Na posição normal: Complexidade. Harmonia. Integração. Alquimia da alma. Comunicação. Equilíbrio. Cura. Forjamento. Mistura de todas as possibilidades. Alquimia da alma.

Na posição invertida: Conversas unilaterais. Comunicação deficiente. Impaciência. Descuido consigo mesma e com os outros.

• • • • • • • •

Para corrigir a inversão, pergunte-se:
Como posso ouvir?

XV · O Diabo

Controle

Capricórnio

Raiva, enxofre, fogo e ódio.
Tentações do ciúme: não morda a isca.
Seduções do Diabo, ilusões bem pensadas.
Desiluda-se para corrigir uma decisão errada.

A hora das bruxas passa e você se encontra num poço negro de retinta e lânguida escuridão. O grito penetrante de um riso insano quebra o silêncio, e os pelos da sua nuca se arrepiam. Você sente o gosto azedo do medo no fundo da garganta e no ventre, mas se sente indefesa e não consegue deixar de avançar em direção ao breu. Você é conduzida por uma força maior que a leva a seguir o som. Você avista um brilho de fogo a distância e se arrasta entre arbustos até chegar o mais perto possível da visão, sem ser surpreendida. Uma aterrorizante mulher se regozija em furioso deleite. Os Amantes estão acorrentados como cães a seus pés. Eles poderiam remover com facilidade a corrente do pescoço, mas, em vez disso, encaram-se com raiva. Isso é consequência ou uma escolha? Bem-vindo ao arquétipo do Diabo.

O segredo da carta do Diabo é o ego. Quanto mais raiva os Amantes sentem, mais forte o Diabo fica. O Diabo se alimenta da vergonha, da raiva, da sexualidade reprimida, do ciúme, do vício, da crueldade, do ódio e do hábito de justificar as próprias ações, mesmo que não sejam éticas, morais ou racionais. A baixa autoestima e o hábito de culpar os outros criam o caos e roubam das pessoas experiências significativas.

As diabólicas correntes do desejo nos impedem de sentir paz no momento presente. O Diabo é distração. Do ponto de vista esotérico, a bruxa precisa transcender o Diabo para propagar sua magia. Não é necessário matar o demônio. A função básica do ego e do medo é manter o indivíduo a salvo de danos. O trabalho da bruxa é entender como o medo e o ego operam para não ser controlada por eles.

NA POSIÇÃO NORMAL: Desordem mental. Vício e confusão. O eu sombrio. As correntes que escravizam. Caos e crueldade. Necessidade irreprimível de controlar uma situação.

NA POSIÇÃO INVERTIDA: Medo por covardia. Timidez quando a coragem é necessária. Permissão para que os outros controlem você.

• • • • • • • •

Para corrigir a inversão, pergunte-se:
Como posso me tornar quem realmente sou?

XVI · A Torre

Liberdade

Marte

Raios, trovoadas, uma tempestade a se formar.
À Torre entregue-se, deixe-se transformar.
Liberte-se, é seguro, enfrente o que vê.
Aquilo a que se agarra nunca foi para você.

É um dia quente e preguiçoso, mas nuvens de tempestade se formam no céu e se acumulam como neve diante do arado. Você acha que as duas crianças que viu mais cedo subindo na casa da árvore não notaram a mudança no tempo. Você corre na direção delas para avisá-las, mas chega tarde demais. Do céu carregado parte um raio monstruoso que cai direto na árvore. Por sorte, dois texugos e uma fada vieram para o resgate e as salvaram de uma queda mortal.

A Torre representa destruição inesperada e agitação. Ela é perda, terror e interrupção. No entanto, o segredo da Torre é a emancipação. Abrir mão de expectativas e do apego ao desejo é o resultado natural da integração dos arcanos do Diabo. Depois que as ilusões de controle vão abaixo, tudo muda; tudo o que não se encaixava na vida desaparece. A Torre reflete a interrupção de um antigo modo de ser. É o espaço da purificação — o fim de um ciclo antigo. O que não é mais útil é extinto. A vida

se ressignifica, enquanto a cura da alma se estende para todos os aspectos da vida da bruxa.

A cura interior profunda e evocativa muitas vezes está associada à mudança no modo como a vida é vivida. Relacionamentos chegam ao fim, velhos hábitos são abandonados e mudanças no mundo real são realizadas. A alma evolui em sintonia com o eu autêntico da Sacerdotisa. Esse é o último elo na corrente que liga os Amantes, que mantinha algo que já não funciona mais. A metamorfose é desconfortável; por que motivo o eu temeria a própria coisa que deseja se não fosse isso? Se fosse confortável, você não teria resistido tanto.

Na posição normal: O campo está limpo. Um momento iluminado de compreensão. Compreensão imediata. Conflito e destruição do que nem deveria existir. Libertação do apego. Perda do que não se encaixava.

Na posição invertida: Pavor da mudança. Recusa em encarar os fatos. Esconder a cabeça na areia para evitar confrontos.

• • • • • • • •

Para corrigir a inversão, pergunte-se:
O que está me detendo?

XVII · A Estrela

Renovação

Aquário

A inspiração flui na noite estrelada.
No firmamento, brilha a Lua amarela.
Fluxo de emoções, visão cristalina.
Invoque a musa: hoje é a noite dela.

É uma noite sem Lua. A luz iridescente das estrelas se espalha pelo céu e você se sente inebriada pelo perfume do jasmim que floresce à noite. Você caminha, saltando de sombra em sombra, e de repente avista um brilho suave à sua frente. Ao se aproximar, encontra uma fonte luminosa de energia, diáfana como um fantasma, com o rosto inclinado para o céu. Parece que a sua mão pode passar direto por ela, se você a estender para tocá-la. Ela derrama um líquido celestial de uma jarra sobre as pontas dos dedos. Conheça a Estrela.

Depois do tumulto e da destruição do Diabo e da Torre, a carta da Estrela é tranquila e terapêutica. Toda energia psíquica e traumática é liberada. A energia da Estrela é absorvida por você. A empolgação lhe causa a sensação de borboletas no estômago enquanto a Estrela drena a energia do firmamento. Perguntas angustiantes são respondidas. A dor física se vai. O otimismo preenche você como o gás hélio enche um balão.

O segredo da Estrela é a perda da autoconsciência. O ego foi reprimido. O medo foi colocado em xeque. Não há bloqueio entre o eu inferior e o eu superior, pois a energia se move com liberdade. Este é o lugar do artista e da musa, da inspiração e da iluminação. A Estrela é o canal aberto.

A comunhão desta carta marca a natureza do artista e da musa. A inspiração flui à medida que o canal se abre. A Estrela, de muitas maneiras, é a divindade manifestada na Terra. Ela é vislumbrada, vista e sentida em momentos transcendentais. A Estrela é a imaginação em pleno voo. O pavão branco simboliza poder energético, força hipnótica e divindade manifestada. As águas são a essência da alma. É a unidade cósmica em que todas as fantasias se tornam realidade.

Na posição normal: Inspiração. Cura. Bonança depois da tempestade. Clareza. Fluxo. Transcendência. Paz.

Na posição invertida: Medos superficiais. Bloqueio. Sentimento de desconexão. Apego ao passado para evitar o avanço.

• • • • • • • •

Para corrigir a inversão, pergunte-se:
O que eu posso aceitar?

XVIII · A Lua

Surgimento

Lua

Lobos uivam à luz da lua enfeitiçada.
Sombras rastejantes, na escuridão, bocejantes.
Tragam novas histórias para serem contadas.
Rumo ao desconhecido, sigam o caminho adiante.

Uma bruxa surge da água e se volta para uma montanha distante enquanto canaliza o brilho da Lua. Dois caranguejos flutuam na água, cada um de um lado dela. A bruxa abraça a noite, evoca seu poder e o infunde em seu corpo. Um caminho se estende diante dela. Dois animais selvagens mostram o caminho, oferecendo a liberdade do instinto. O jardim da bruxa é apenas um ponto de parada no trajeto rumo à manifestação. Ele leva ao topo de uma montanha, o espaço de manifestação mais elevado do mundo material.

A alma já está purificada na carta da Estrela. Não há interferência entre os aspectos mais elevados e mais inferiores da alma, apenas comunhão perfeita. Com a clareza, uma nova possibilidade brota do subconsciente, como se fosse refletida na água. A imagem da carta mostra uma dualidade dimensional, pois a Lua é um reflexo da luz solar. Ela nos mostra o que é possível por intermédio do nível sutil do subconsciente. A Lua nos permite abraçar o desconhecido oculto, espinhoso e assustador, nos

levando a uma compreensão maior. Depois que nos familiarizamos com o que nos aterroriza, podemos integrar isso em nossa vida. Esta é a carta da profecia e dos sonhos que se tornam realidade.

NA POSIÇÃO NORMAL: Sono e vida onírica. Natureza psíquica. Subconsciente tornando-se consciente. Revelação. Sombra que se torna luz.

NA POSIÇÃO INVERTIDA: Repressão dos impulsos básicos. Desconforto com o próprio poder e a magia. Incapacidade de integrar a dualidade interior.

Para corrigir a inversão, pergunte-se:
O que almeja vir à tona através de mim?

XIX · O Sol

Manifestação

Sol

Luz transbordante e brilho solar.
Mostra-nos o que sempre esteve em seu rastro.
Saúde perfeita, risos, diversão.
Tudo vem ao seu encontro com o brilhante astro.

É meio-dia, o polo oposto da meia-noite escura da carta da Lua. Um relógio solar brilhante ocupa o centro da carta. Dois gêmeos — uma referência às antigas cartas do Sol nos tarôs históricos — montam cavalos brancos. Um ar de pompa permeia a imagem. Dois pássaros amarram uma fita juntos. Régios girassóis integram a energia solar do jardim e representam a manifestação, o crescimento e a expansão.

A carta do Sol, assim como a da Lua, mostra uma dualidade como a da expressão "assim em cima, como embaixo". Esse é um lembrete de que o que é verdadeiro para nós também é verdadeiro para o mundo. Examinamos as naturezas interior e exterior do ser. Nossa felicidade é refletida nos outros. Quando estamos em sintonia conosco, um novo mundo se apresenta. O Sol simboliza a capacidade de aceitar todas as possibilidades e saudar todas as coisas com exuberância e de forma aberta.

As bruxas entendem o segredo da carta do Sol. Há muita alegria, amor e recursos para o eu e para o mundo todo. Temos mais do que jamais poderíamos precisar. O Sol nos lembra da abundância da luz dentro de nós e no mundo. Esta carta aparece nas leituras para sinalizar prazer, saúde e manifestação.

NA POSIÇÃO NORMAL: Abundância. Amor. Alegria. Excelente saúde. Chakra do Coração. Expansão e exuberância. Destino.

NA POSIÇÃO INVERTIDA: Tristeza. Depressão. Isolamento. Escuridão. Sentimentos sombrios. Comportamento autodestrutivo.

• • • • • • • •

Para corrigir a inversão, pergunte-se:
Como posso deixar a bondade entrar na minha vida?

XX · O Julgamento

Revolução

Fogo

Acorde, levante-se, novos dias se iniciam.
Ouça o chamado e mostre seu querer.
Abrace a plenitude, rejeite a escassez,
sem dar meia-volta, sem retroceder.

Um etéreo espírito do ar toca uma trombeta dourada. Criaturas do jardim, plantas e pessoas acenam e reagem à sua música. Seu desejo foi recebido e ecoa pelo Universo. O chamado do coração sobe à superfície. Não há como voltar atrás, e nada nunca será igual.

A carta do Julgamento agita as placas tectônicas da mudança, levando você à próxima fase no seu processo de evolução. Ela é a metáfora do renascimento na sua própria pele. Esta carta traz uma mensagem que você não pode ignorar. É um chamado do mundo exterior que entra em sintonia com seu chamado interior. As portas da possibilidade estão escancaradas. O segredo desta carta é atender ao chamado. É a gloriosa verdade de quem você é: aberta, viável e respirando. O Julgamento nos mostra o que significa ser livre. Você se transformou, e o mundo mudou com você.

Na posição normal: Êxtase e realização. Ouvir o chamado. A mensagem que você estava esperando. Força vital. Renascida, mas em si mesma. Elevação. Estar viva e desperta.

Na posição invertida: Recusa em ouvir. Comportamento rebelde. Abandono das esperanças e dos sonhos.

• • • • • • • •

Para corrigir a inversão, pergunte-se:
O que me ajuda a me sentir viva?

XXI · O Mundo

Integração

Saturno

Dança da liberdade, olhar de prazer.
Espíritos se reúnem no elemento Ar.
A perfeição tece cada movimento seu.
Não há mais nada que você precise provar.

O apogeu das lições mágicas, da vida e do amor se aproxima, enquanto a bruxa se torna a dançarina do Mundo. Segurando uma varinha em cada mão, o encantamento irradia pelo seu corpo. A pena escarlate em seu cabelo a conecta com o Louco; eles são um só. A carta do Mundo aparece para indicar um trabalho excepcional e um sucesso esmagador.

O caldeirão da bruxa representa o trabalho com feitiços, as cartas de tarô representam a adivinhação, e os cogumelos simbolizam um círculo de fadas. O chapéu da bruxa, um cone de poder, repousa ao lado de um gato preto, o símbolo da energia felina feminina. A coroa de flores do jardim reflete a natureza circular da vida, o ciclo da vida e a natureza cíclica do universo, junto ao número do Louco, o zero. A dançarina do Mundo girou a roda da existência.

O Mundo simboliza realização e alegria absoluta. A bruxa incorpora todo o poder e o prazer do jardim e, portanto, de si mesma. Esta é a carta da restauração e da perfeição. É a integração e o deleite absolutos. A magia existe em conexão com o momento. A cadência interior da alma encontra o chamado externo do Universo. Objetivos são alcançados e as realizações são frutíferas, mas com o prazer mais profundo e a verdadeira dádiva de se conhecer, tomar posse do seu poder e honrar seu eu. Absorta no êxtase vertiginoso da música, do movimento e do prazer, a transcendência está ao alcance da mão. Uma dança hipnotizante se desenvolve quando você entra em sintonia com tudo o que foi semeado em sua alma terna, bela e delicada.

Na posição normal: Fluxo. Manifestação. Viagem. Glória. Culminação. Perfeição. Dança. Celebração. Expressão. Conclusão. Todos os desejos são concedidos e os sonhos são realizados. Sintonia perfeita.

Na posição invertida: Perto da linha de chegada. Medo de ter e realizar o que você sempre sonhou.

• • • • • • • •

Para corrigir a inversão, pergunte-se:
O que me ajuda a viver no
momento presente?

Ás de Paus

Ignição

Raiz do Poder do Fogo

Fogo da paixão, luz suave.
Desejo da alma, coração cheio de viço.
Instigue a chama, alimente-a bem.
Varinhas cintilantes sustentam seu feitiço.

O crepúsculo cai como uma cortina efêmera sobre o jardim da bruxa. A mão dela empunha uma tocha. É a essência do fogo. A varinha flamejante é o presente dela para você. O Ás de Paus é a fonte de todo fogo. Ele simboliza uma paixão recente prestes a se desenvolver. É o desejo ardente de acordar de manhã e tirar novos projetos do papel. É a alegria eletrizante e a exaltação.

Uma dócil serpente se enrola em seu punho pois as serpentes estão em sintonia com o fogo elemental. A mão emerge das névoas da manifestação. Esta carta marca a passagem entre os mundos invisível e visível. A casa, os jardins e a paisagem rural evocam a sensação de estar em casa na própria pele e no mundo. O segredo do Ás de Paus é que o Ás é a semente de todas as próximas cartas do elemento Fogo.

O Ás de Paus desperta a alma ao apontar uma nova possibilidade. Ele é tão eletrizante quanto se apaixonar. O Ás marca um caminho à frente. Deixe o destino desempenhar seu papel

permitindo que o eu se abra para a sabedoria da sincronicidade enquanto ilumina seu caminho. Reconheça a magia quando ela cintilar. Esteja presente. Permita que a essência do Fogo aqueça o seu coração e a sua alma. Você é uma filha da natureza incendiária do Universo.

NA POSIÇÃO NORMAL: Força e poder. Tremores de paixão. Um desejo avassalador. Virilidade. A chama de novas opções que se acende. Centelha milagrosa. Início. Origem. Fonte.

NA POSIÇÃO INVERTIDA: Energia que se extinguiu. O sufocamento do desejo. Apatia e a sensação de ausência de merecimento.

• • • • • • • •

Para corrigir a inversão, pergunte-se:
Como posso me concentrar naquilo que se agita dentro de mim?

Dois de Paus

Visão interior

Marte em Áries

Musgo, névoa e chama ardente.
Um anseio ponderado pelo inacessível.
O olhar do desejo parte de olhos bem focados.
Encantamentos precisam de uma força invisível.

O crepúsculo goteja sobre um bosque de salgueiros antigos. Eles protegem uma jovem bruxa enquanto ela contempla a feitiçaria. A bruxa conjura o desejo do seu coração com uma dedicação cuidadosa. Uma bola de cristal repousa na palma da mão dela. Ela vê sua meta na imaginação e, assim, sintoniza o futuro almejado com sua realidade presente. Os dedos do destino se fecham ao redor dela.

Um grimório emprestado, um registro por escrito dos feitiços da bruxa, repousa sobre a mesa. Cartas de tarô lançadas para realizar uma cuidadosa divinação a ajudam a definir a melhor época para o seu encantamento. Cinco velas se equilibram num candelabro de freixo. Óleos e poções poderosas dançam dentro de frascos de vidro selados. Eles serão usados no momento certo.

Ela reuniu gravetos e achas de lenha, que refletem os instrumentos que sustentam a paixão. As chamas são alimentadas com cuidado. Os pés descalços a enraízam na terra. Um lagarto pequeno, silencioso e atento permanece vigilante a seus pés.

O Dois de Paus é como um presságio lembrando você de observar o seu desejo latente e empreender jornadas de busca da visão. Uma consideração cuidadosa revela o que é desejado e seu motivo. Uma atenção focada é necessária para que as aspirações se desenvolvam até sua fruição. Lembre-se de quem você é. Siga as sementes do desejo para traçar sua rota até a realização. O segredo do Dois de Paus é a dualidade do fogo. No momento em que o fogo elemental se divide para refletir a si mesmo, a energia se transforma. Essa energia tem o potencial de se tornar benéfica ou explosiva. Cultive uma visão de longo prazo, busque recursos que possam colaborar para que você mantenha o curso; cultive sua saúde mental e transforme seus sonhos em realidade. Observe enquanto o Universo pulsa através de você e lhe oferece guias prestativos, inspiração e surpresas agradáveis ao longo do caminho.

Na posição normal: Com os olhos no caminho adiante. Planejamentos e metas. Visualização. Observe a disposição da paisagem para entrar em sintonia com o seu desejo. Reúna forças e ideias contrárias, mas equilibradas em termos de importância, para fomentar a energia da transformação.

Na posição invertida: Planos estagnados. Incapacidade de imaginar o futuro. Exaustão e apatia em relação à situação atual. Nada parece valer o esforço.

• • • • • • • •

Para corrigir a inversão, pergunte-se:
Como posso dar um pequeno passo?

Três de Paus

Ritual

Sol em Áries

A luz da lua irradia sobre a pele.
A magia reconhecida prospera por dentro.
O fogo tríplice ilumina a noite.
Envie seu desejo neste momento.

A bruxa do Dois de Paus enviou suas intenções ao Universo. Seu feitiço está lançado. Ela finaliza seu trabalho de magia colocando três lanternas flutuantes acesas na água. Paus é o naipe da ação e da energia. Esta carta reflete o trabalho necessário. É a convergência da intenção e da ação, que gera resultados.

O Dois de Paus estava planejando e traçando suas metas. A carta do Três de Paus aparece quando é hora de reunir tudo o que é necessário. Há ousadia na ação. Uma mensagem ou uma carta precisa ser enviada. Articule o que é solicitado. O que pode ser feito de forma diferente desta vez?

A lua crescente é um lembrete para você entrar em sintonia com o aspecto da Sacerdotisa que existe dentro de você. As vibrações do Universo responderão à autenticidade e à verdade. Nenhum chamado fica sem resposta. Acredite na magia. O segredo do Três de Paus é a natureza criativa do fogo.

Na posição normal: Magia em ação. Lançamento dos seus navios ao mar. Criatividade e progresso. Força interior e autoconhecimento. Crença em si mesma. Hora de lançar sua sorte e deixar sua marca. A trindade poética composta do eu. O Universo e o mistério invisível se fundem na magia ativa e na manifestação da ação e da intenção pessoais.

Na posição invertida: Medo impeditivo. Procrastinação ocasionada pelo sentimento de não merecimento. Uso dos próprios dons e dos próprios talentos contra si mesma.

Para corrigir a inversão, pergunte-se:
Como posso apoiar minha intenção?

Quatro de Paus

Celebração

Vênus em Áries

Festas de verão à luz de fogueiras.
Encanto, risadas, contentamento.
Belas do baile dançam faceiras.
Eufórica folia, sem comedimento.

As celebrações de verão se iniciam e você é a convidada de honra. Labaredas se erguem enquanto o portal para o meio do verão se abre. O Quatro de Paus é uma carta de prazer e realização. As fogueiras ficam mais brilhantes quando compartilhadas com a comunidade. Os frutos maduros do sucesso são saboreados.

Quatro bastões equidistantes marcam a estabilidade nos quatro cantos do Universo. Dois pássaros levantam juntos uma fita, consagrando uma união bem-aventurada, conectando a energia solar da guirlanda de girassol. Uma fogueira irradia as chamas do amor, ponto focal da festividade. Os celebrantes se reúnem como mariposas em torno das chamas flamejantes.

A carta do Quatro de Paus aparece quando há motivo para celebrar. Ela evoca aniversários, casamentos, formaturas e todo tipo de cerimônia e reunião. As pessoas se reúnem. A primeira colheita é feita e compartilhada com a comunidade. No âmbito mais profundo, o número 4 une o fogo elemental com segurança e alicerces. Ele representa o sucesso absoluto e as atividades relacionadas ao trabalho e à carreira profissional que trouxeram resultados. Celebre este momento. O segredo do Quatro de Paus é a sustentabilidade do fogo fundamental. A chama da paixão, do entusiasmo e da sexualidade está acesa.

Na posição normal: Reuniões familiares e entre amigos acontecerão em breve. Noitadas, danças frenéticas e deleite. Paixões com frutos no mundo real. Uma pausa ao longo do caminho para aproveitar a jornada.

Na posição invertida: Arruinar um bom momento. Estragar a alegria de outra pessoa. Recusar-se a participar da diversão. Atitude tóxica. Traição.

• • • • • • • •

Para corrigir a inversão, pergunte-se:
Como posso abrir espaço
para a gratidão?

Cinco de Paus

Atrito

Saturno em Leão

Faíscas voam e asas agitam-se no ar.
A astúcia presente sempre estará.
A dúvida, às vezes, vai desestabilizar.
Recupere-se, e vergonha não mais sentirá.

Um brilho fraco se eleva acima de uma campina. É visível a quilômetros de distância. Uma "disputa por minhocas" eclodiu entre cinco sanhaços-vermelhos, num frenesi alimentar. As roliças minhocas revidam, pois não querem virar jantar. Palitos de fósforo iluminam o solo macio e recém-semeado.

O Cinco de Paus está ligado ao despertar da paixão. Ele representa conflito, disputas e agitação entre grupos sociais. As chamas do fogo incendeiam amigos, colegas e familiares. A energia é combustível, mas também é inflamável. Tudo isso gera novas ideias e resultados inesperados. O segredo do Cinco de Paus é a faísca de potencial dentro da ação acalorada.

O Cinco de Paus indica o momento em que uma multidão se agita em frenesi. O drama está em curso. Ele vai envolver você e fazê-la se distrair do foco almejado ou levá-la a seguir em outra direção? As outras pessoas estão alimentando sua energia pessoal de forma positiva? Analise a posição em que você está hoje e avalie seus objetivos futuros. A energia atual tem o potencial

de distrair ou inspirar você. Faça escolhas de acordo com o que mais lhe beneficia. É possível participar ou se afastar da agitação.

Na posição normal: Ação e combate. Cada um por si. Motivar as pessoas. Energia que entusiasma. Excitação e furor. Um divertido e acirrado embate de astúcia e força.

Na posição invertida: Drama provocado pelo tédio. Divertir-se provocando os outros. Falta de disposição para lutar.

• • • • • • • •

Para corrigir a inversão, pergunte-se:
O que está em jogo na minha vida?

Seis de Paus

Inspiração

Júpiter em Leão

Desfiles de alegria despreocupada.
Põe fim ao que estava a ruir.
O louro marca a vitória conquistada.
Desfrute da glória, pois mais está por vir.

Uma bruxa do fogo retorna a um grupo de pessoas que a espera no jardim da bruxa. Ela traz mensagens, boas notícias e motivos para celebração. Boas-novas e boa fortuna são compartilhadas com aqueles que seguram suas tochas em honra dela. O cavalo expressa um olhar de entendimento. Ele sente algo que os outros não percebem. Um novo capítulo ainda está por revelar-se. A história está longe de terminar.

O segredo do Seis de Paus é a fusão da energia combustível. A figura passa o fogo da inspiração para aqueles abaixo dela. O segredo está em abrir o eu terreno para a inspiração do eu superior. Essa visão toma forma e molda o estilo de vida pessoal, o trabalho e a vida amorosa.

O Seis de Paus aparece como um lembrete de que todos nós somos fonte de inspiração para as pessoas ao nosso redor. É importante compartilhar entusiasmo. Temos de tomar posse do nosso poder e realizar o trabalho que viemos fazer aqui. A experiência e a expressão são os seus mentores. Aceite elogios sem depreciá-los. A autoconfiança que você irradia inspira todos ao seu redor.

NA POSIÇÃO NORMAL: Vitória e progresso. Corações ardentes. Inspiração. Ideias pessoais que se propagam. Pessoas desejando o melhor. Boas graças. Extrair o melhor das pessoas. Um sucesso que precede muitos outros.

NA POSIÇÃO INVERTIDA: Subestimar o próprio talento. Incapacidade de aceitar elogios. Prisão numa espiral negativa. Incapacidade de sentir o prazer do eu.

• • • • • • • •

Para corrigir a inversão, pergunte-se:
Como posso me inspirar?

Sete de Paus

Fogo da alma

Marte em Leão

Línguas de fogo aceitam tudo.
Envie a mensagem, faça a ligação.
O místico sete traz auxílio fecundo
ao lançar o feitiço da genuína paixão.

Uma bruxa gira graciosamente nas pontas dos pés. Seus cabelos esvoaçam enquanto a energia da varinha espirala para cima. Ela obteve a inspiração da bruxa a cavalo do Seis de Paus e agora dá um passo à frente para lançar um encantamento próprio. O Sete de Paus convida você a colocar a inspiração em prática com gestos grandes e audaciosos.

Seis figuras abaixo, cada uma com uma tocha na mão, emprestam à bruxa sua energia coletiva. É a essência da vitalidade compartilhada pelo grupo. O naipe de Paus expressa a magia pulsando através de cada indivíduo. A energia irrompe quando eles se fundem e se concentram para criar algo novo e belo.

O Sete de Paus está atendendo ao chamado da dança espiritual. Deve-se aproveitar bem uma posição de poder e promover alguma ação para torná-la mais forte. O segredo do Sete de Paus é o surgimento de algo novo e inesperado. Justo quando parece que sua história terminou, um novo capítulo se desenrola.

E você está num patamar mais elevado do que nunca, com uma nova visão inspirada; você segue para novas alturas com poder e precisão.

NA POSIÇÃO NORMAL: Ação e energia. Foco em avançar e alçar uma posição superior. Conhecimento usado para aumentar seu poder pessoal. O conhecimento ilumina o caminho. Progresso. Riscos que compensam. Auxílio que chega quando menos se espera. Força que irrompe inesperadamente. Deixe ir e confie no processo.

NA POSIÇÃO INVERTIDA: Caráter defensivo e temeroso. Ataques maldosos. Veneno que substitui o prazer. Inspiração que se transforma em violência.

• • • • • • • •

Para corrigir a inversão, pergunte-se:
Onde levo vantagem?

Oito de Paus

Velocidade

Mercúrio em Sagitário

Flechas de amor lançadas no ar
disparam faíscas pelo céu a cruzar.
Envie intenções, confie sem vacilar.
Chamados atendidos, não queira adivinhar.

Oito varinhas energizam a noite ao serem lançadas. A bruxa conclui seu feitiço enviando uma intenção final. É hora de fechar o espaço sagrado. Ela faz oferendas e agradecimentos. Tanto as palavras quanto as ações contam. Os chamados são ouvidos. O segredo do Oito de Paus está em assegurar o sucesso de um feitiço. Confie e liberte-se das expectativas com relação ao resultado do encantamento.

O Oito de Paus é a carta das intenções mágicas em movimento. Tudo o que era possível já foi feito. Necessidades e desejos foram enviados. Não há nada a fazer além de seguir em frente. A carta seguinte ao Oito, na tiragem, muitas vezes, indica como e onde os desejos se manifestarão.

Se o feitiço se concretizar, é sinal de que o resultado estava destinado a acontecer. Se o chamado ou o desejo não se manifestar, é porque faltou sintonia. Reequilibre-se por meio da contemplação, da introspecção e da experimentação. Confie no Universo e no momento presente para sempre oferecer com exatidão o que é necessário.

NA POSIÇÃO NORMAL: Tudo o que é feito no mundo tem um resultado. Cartas de amor. Mensagens enviadas. Chamados atendidos. Orações proferidas. Ação em curso. Os resultados logo serão revelados.

NA POSIÇÃO INVERTIDA: Má comunicação. Descrença. Nova tentativa. Falha no lançamento de um projeto.

• • • • • • • •

Para corrigir a inversão, pergunte-se:
Como posso abordar isso de maneira diferente?

Nove de Paus

Ousadia

Lua em Sagitário

A bravura irradia através da pele.
O desejo ardente prenuncia sucesso.
A maneira mais fácil de quebrar a maldição
é fazer primeiro o que for mais complexo.

A floresta escura e imponente é ofuscada pelo florescente encanto do jardim. Uma jovem bruxa inteligente atravessa o limiar e entra num terreno seguro. Ela é aceita sem julgamentos, tratada e alimentada. Isso é tudo o que ela estava procurando. Sua bochecha sangrando e suas roupas rasgadas revelam os desafios que ela superou para chegar ao seu destino.

A cartas do Nove de Paus aparece quando um desejo, um trabalho ou um anseio traz alguém para um novo plano de existência. É um território rico que sempre existiu, mas é a primeira vez que alguém tem acesso a ele. A chegada a esse território ocorre graças à ousadia de ultrapassar limites pessoais e ter perseverança.

O segredo do Nove de Paus é a manifestação. Tudo o que uma pessoa deseja, em geral, está disponível se for reconhecido em outras formas e outros formatos. O fogo elemental reduz as qualidades à sua essência. A verdadeira natureza de algo é reconhecida. Busque abrigo em espaços seguros. A magia que você procura está dentro de você.

Na posição normal: Ultrapassar limites. Explorar território desconhecido. Superar o que é possível. Oponentes formidáveis. Força e conhecimento adquiridos graças à superação de desafios. A experiência gera confiança.

Na posição invertida: Obstáculos intransponíveis. Opressão. Sentimento de que as probabilidades não são as melhores. Incapacidade de enfrentar a situação atual.

• • • • • • • •

Para corrigir a inversão, pergunte-se:
Como posso mudar meu curso?

Dez de Paus

Culmînância

Saturno em Sagitário

Um ciclo termina no início da jornada.
Reúna seus pertences, despeça-se e parta.
O brilho do fogo iluminará o seu caminho.
Não deixe de seguir o conselho desta carta.

Uma bruxa parte do jardim. Ela reuniu provisões para sua jornada, recuperou o que estava perdido e agora parte sozinha. Ela carrega uma criança junto à sabedoria da experiência. Uma raposa vermelha, um elemental do fogo e o guia espiritual da criança seguem com ela. A bruxa segura uma única tocha para iluminar seu caminho enquanto outras nove estão amarradas atrás dela. Ela reuniu tudo o que é necessário para uma jornada bem-sucedida. Tem consigo luz, mapas e feitiços. O caminho à frente é inóspito e desconhecido, mas ela mantém todas as lições anteriores numa teia de energia protetora. É hora de você fazer o mesmo.

A carta do Dez de Paus simboliza uma vitória. É empolgação e certeza absoluta em relação ao seu objetivo. Uma missão está em curso, ainda que não seja a jornada do Louco. A bruxa está cercada de pessoas que dependem dela; ela não é tão livre quanto o Louco. Essa dependência que os outros têm dela fortalece sua determinação. Os riscos são maiores do que nunca. O segredo do Dez de Paus é uma jornada iniciada após uma mudança em suas prioridades.

Na posição normal: Um ciclo está completo. O início de uma jornada por um novo caminho. Regeneração do corpo. Uma nova aventura. Entre dois mundos. Assumir uma responsabilidade.

Na posição invertida: Ambiente sufocante. Sensação de bloqueio. Aprisionamento. Falta de inspiração.

• • • • • • • •

Para corrigir a inversão, pergunte-se:
Como posso ajudar aqueles que dependem de mim?

Ás de Copas

Fluxo

Raiz do poder da água

A taça transborda, o afeto jorra.
O corvo guia, mostrando a rota acertada.
Ofereça expansão com amor e perceberá:
Cada dádiva retorna, agora triplicada.

A mão de uma bruxa segura uma taça transbordante, repleta de emoções. A taça é gravada com um símbolo lunar que representa emoções mutáveis e energias transitórias. A Lua simboliza a mutabilidade dos estados de espírito. Cada lágrima de felicidade derramada, cada grito dilacerante do coração e todos os sentimentos intermediários transbordam da taça, no elixir mágico da humanidade.

Um corvo desce sobre a taça, como um anjo tocando o chão pela primeira vez. Ele carrega no bico um pentáculo de presente. A oferta é um lembrete das coisas genuínas que acontecem na vida quando se tem a capacidade de lidar com emoções de maneira saudável. O corvo reflete o metamorfo interior. Ele carrega o lado sombrio das emoções e os sentimentos desafiadores que precisam ser integrados à personalidade, em vez de reprimidos. Essa integração garante o fluxo emocional saudável.

O segredo do Ás de Copas é saber que a vibração emocional atrai energias que estão na mesma frequência. Semelhante atrai

semelhante. No entanto, as emoções negativas e de baixa vibração que foram reconhecidas e integradas não atraem mais energias inferiores. Libélulas e peixes são atraídos para a taça como mariposas para uma chama. A intensidade espontânea atrai e expande a energia.

As pétalas de flor de lótus estão abertas e receptivas. O lótus sagrado se enraíza profundamente na lama subterrânea, no lodo e na areia, enquanto a flor se abre para a luz solar e a inspiração que vem de esferas superiores. O Ás de Copas é a semente de todas as cartas de copas. Ele revela a história do coração de forma reiterada.

Na posição normal: Um coração aberto, com emoções à flor da pele. Amor ilimitado. Lindo início de um laço de afeto. Uma maneira nova e perspicaz de abordar a vida. Sentimentos elevados. Novas oportunidades em todos os aspectos emocionais. Abertura do coração.

Na posição invertida: Repressão de emoções que precisam ser expressas. Emotividade que tende para o dramático. Valorização do próprio estado emocional em detrimento dos sentimentos dos outros. Afastamento do amor.

• • • • • • • •

Para corrigir a inversão, pergunte-se:
Como posso me curar?

Dois de Copas

Hipnotismo

Vênus em Câncer

A devoção profunda tranquiliza a alma.
Corações partidos se curam, gloriosos.
Taças erguidas acariciam lábios amantes.
Quem retribui seus beijos mais fogosos?

Um casal está sentado num balanço sob os galhos de uma árvore antiga. Essa é a árvore mais valorizada e procurada do jardim da bruxa. É a árvore do amor encantado. Qualquer pessoa que se sente no balanço dessa árvore verá a pessoa amada se aproximando para tomar assento. Ela é um símbolo da paixão, do romance e do afeto.

O Dois de Copas é a carta do casamento e dos relacionamentos amorosos. Ela é a companhia constante que sustenta o casal por meses, anos e décadas. Embora muitas vezes se refira a relacionamentos românticos, o Dois de Copas também está associado a outras parcerias significativas e alegres, como os laços de afeto com um animal de estimação querido, um filho amado ou um trabalho devocional.

O segredo do Dois de Copas é não o apressar. Todos têm a árvore do amor dentro de si. Quando nós nos lançamos de cabeça num relacionamento e forçamos nossas emoções, às vezes, acabamos no balanço com o parceiro errado. Reserve um tempo para entrar em sintonia consigo mesma. Você balançará pela eternidade na árvore da vida e do amor com o parceiro certo se permanecer fiel à beleza de quem você é.

NA POSIÇÃO NORMAL: Um doce romance. Atração amorosa. Prazer e encanto com uma pessoa, lugar ou coisa. Laços afetivos. Reconhecimento. Intimidade. Casamento secreto.

NA POSIÇÃO INVERTIDA: Um relacionamento que não se desenvolve como se esperava. Afastamento. Rejeição.

• • • • • • • •

Para corrigir a inversão, pergunte-se:
Como posso impor limites?

Três de Copas

Amizade

Mercúrio em Câncer

Brilham maçãs, fluem vinhos cor de granada.
Amigos compartilham um segredo sussurrado.
Três almas se fundem, agora amalgamadas.
Não há feitiço que não possa ser lançado.

Três feiticeiras se reúnem em torno de um barril de maçãs. Elas brindam com o líquido encantado do barril. É o vinho da amizade. Bochechas rosadas expressam a profunda alegria que sentem por estarem juntas. Elas estão elevando os espíritos de união e devoção. O Três de Copas, em seu nível mais profundo, representa a magia que é fruto do apoio mútuo da amizade.

O segredo do Três de Copas é a criatividade que advém dos sentimentos de pertencimento e união. Folhas de outono flutuam nas brisas outonais. Abóboras e videiras abundam numa manifestação simbólica. Três sapos se juntam às bruxas em sua festa, cada um representando uma fase diferente da embriaguez. Um ri, outro dança, um terceiro jaz desmaiado. São várias também as fases emocionais da produção criativa. O vinho se derrama no chão numa oferenda para devolver a felicidade à terra.

A carta do Três de Copas aparece quando há motivo para celebrar. Ela lembra a bruxa de que há potencial de alegria em

cada momento do dia. A magia da colheita de outono está sempre presente, logo abaixo da superfície. Tudo o que você precisa fazer é acreditar para ver.

Na posição normal: Amizade, folia e celebração. Relacionamentos duradouros. Reunião com aqueles mais próximos a você. Frutos do sucesso. Feminino divino. Compartilhar seus dons com os outros. Os outros compartilhando seus dons com você.

Na posição invertida: Comportamento passivo-agressivo. Conflitos num grupo de amigos. Incapacidade de ficar feliz com o sucesso do outro.

• • • • • • • •

Para corrigir a inversão, pergunte-se:
Como posso refletir a luz dos outros?

Quatro de Copas

Surpresa

Lua em Câncer

Tristeza, melancolia, depressão se insinuam
e tudo o que você quer é adormecer.
Se a escuridão cair, espie ao redor.
Presentes preciosos vão aparecer.

Uma fada se abriga sob um cogumelo vermelho. Seus braços cruzados e sua testa franzida sugerem uma mente perturbada e um sentimento de contrariedade. Três taças estão diante dela, mas ela não pode ver seu amigo que está prestes a surpreendê-la com uma quarta taça. O Quatro de Copas anuncia presentes que chegam quando menos se espera.

O Quatro de Copas nos faz lembrar que as emoções são tão imprevisíveis quanto o clima da primavera. A natureza da carta está fundamentada na estabilidade emocional. Ela remete a uma disposição forte e equilibrada, mas ninguém se sente feliz o tempo todo. A capacidade de sentir e processar as emoções, incluindo os estados melancólicos, é um sinal de saúde mental. O fluxo das emoções é ininterrupto; a chave é sentir as emoções sem se identificar com elas. O Quatro de Copas é um lembrete de como podemos passar rápido de uma emoção para outra. Ele também nos faz lembrar de sempre permanecermos abertos ao inesperado.

O antídoto da autopiedade é olhar além de si mesmo. Os momentos de introspecção têm sua importância, mas você também precisa usar sua consciência ativa e sua curiosidade para explorar o mundo exterior. Preste atenção no mundo ao seu redor, descubra um cenário de maravilhas e permita que aqueles que trazem alegria e felicidade para a sua vida também possam elevar seu ânimo e seu bem-estar emocional.

Na posição normal: Indulgência emocional. Não deixe de ver a floresta por causa das árvores. Situações mudando num piscar de olhos. Mantenha-se aberta ao inesperado. Presentes ocultos prestes a ser revelados. Remova a venda que cobre seus olhos.

Na posição invertida: Bloqueio emocional ou extravasamento emocional inesperado. Procure ajuda, aceite conselhos e equilibre questões emocionais.

• • • • • • • •

Para corrigir a inversão, pergunte-se:
Como posso olhar além da situação atual?

Cinco de Copas

Depressão

Marte em Escorpião

A tristeza todos têm de enfrentar.
Quando o coração se contrai de pesar,
o remédio é sentir a dor pungente,
juntar os cacos e seguir em frente.

Uma bruxa está numa paisagem sombria e melancólica. Seu vestido é enfeitado com um ramo de não-me-esqueças, a flor da lembrança e do arrependimento por um amor perdido. Pétalas azuis enfeitam seu cabelo trançado e ela irradia uma tristeza tão profunda quanto o leito de rios antigos. Três taças estão caídas no chão. Um líquido vermelho-sangue, outro verde-bile e outro amarelo-vômito se derramam na relva à margem do rio. Elas representam uma melancolia venenosa. Duas taças estão atrás da bruxa. Ela as encherá com um pouco mais da mistura vil e beberá delas? Ou mudará de rumo e cruzará a ponte de pedra arqueada? A casa oferece o conforto e o calor de uma lareira e o abrigo do céu ameaçador. Ela não pode receber a ajuda de ninguém; precisa cruzar de uma realidade para outra por vontade própria.

O Cinco de Copas aparece numa leitura para indicar as escolhas que fazemos. Tristeza e vício estão em jogo. Você revisitará a fonte contínua de dor e sofrimento emocional ou quebrará o

ciclo de uma vez por todas? Para quebrar o feitiço, é essencial buscar novos horizontes.

Só então você poderá encher sua taça com elixires de saúde e felicidade, prazer e satisfação. A escolha é sua. Ninguém pode salvá-la, a não ser você mesma.

Na posição normal: Desconexão. Falta de sentimento. Vício, tristeza e depressão. Uma escolha entre repetir o mesmo padrão ou mudá-lo. Tempos sombrios, mas liberdade para avançar. O que você precisa está bem diante de você.

Na posição invertida: Velhos padrões são liberados. Evite armadilhas emocionais. Deixe para trás o que não serve ao seu propósito mais elevado.

• • • • • • • •

Para corrigir a inversão, pergunte-se:
Como posso lutar por mim mesma?

Seis de Copas

Presente

Sol em Escorpião

Favores de fadas, delícias em taças.
Entre as fadas, agora, encontro a calma.
Acolhida num esconderijo do jardim,
a doce lembrança aquece a minha alma.

O Seis de Copas revela duas criaturas do povo das fadas escondidas numa câmara subterrânea do jardim. As raízes de uma beterraba se estendem como dedos de bruxa. Um tatuzinho oferece um assento confortável a um menino do povo das fadas, enquanto centopeias passam como trens a vapor carnudos em busca de comida. Uma fada contempla o presente que recebe. A taça brilha com uma energia vibrante e luminosa. Dela irrompem flores cor de marfim, simbolizando a essência manifestada da beleza e do amor inocente. O segredo do Seis de Copas é que dar e receber são dois lados da mesma moeda.

O Seis de Copas simboliza presentes dados com afeto, reminiscentes da alegria da infância. O sentimento é puro e de adoração absoluta. É um lugar de conforto e familiaridade — uma volta ao passado feita pela memória, uma lembrança filtrada por lentes cor-de-rosa. Essa carta revela a possibilidade de prazeres passados no presente. Nada está perdido para sempre. As centopeias remetem a bichos-da-seda e aos fios que nos conectam a pessoas especiais. É a conexão eterna do amor.

NA POSIÇÃO NORMAL: Dar e receber. Presentes ofertados com o coração. Lembranças, felicidade e conforto. A sensação de voltar para o que você ama. Conexão e gratidão. Felicidade e deleite. Oferendas de amor.

NA POSIÇÃO INVERTIDA: Entregar-se àqueles que não podem retribuir seu amor e carinho. Incapacidade de aceitar presentes e ternura. Substituir a alegria por raiva e o amor por fúria.

Para corrigir a inversão, pergunte-se:
Como posso praticar a aceitação?

Sete de Copas

Possibilidade

Vênus em Escorpião

Onde as taças fluem
o coração estará.
Vá devagar e você saberá.
Leia esta rima e assim será.

Uma bruxa está num galpão de jardinagem segurando uma muda de lavanda na palma da mão. Ela faz uma pausa para trabalhar com a energia da lavanda enquanto lança seu feitiço sobre a planta, que a transporta para o mundo da proteção psíquica, da cura e da paz interior. Sua imaginação alça voo. Os resultados mágicos de feitiços testados e comprovados estão dispostos nas prateleiras. É como se os registros de um grimório estivessem exibidos de forma tridimensional. É um lembrete de que a magia mais rica e eficaz está sempre à sua frente. Use seus olhos de bruxa para vê-la.

O Sete de Copas remete a possibilidades e à imaginação. As sete taças representam oportunidade, direção e escolha. Cada taça está conectada a uma carta do Arcano Maior. Há sete segredos no Sete de Copas, que são descritos a seguir, a partir da taça central da prateleira superior e daí para a taça à esquerda, da prateleira de baixo.

Taça número 1: Uma vibrante coroa de louros emerge da taça, conectando-a à carta do Mundo. O símbolo alquímico de Saturno está gravado na taça. Há uma caveira à esquerda, um lembrete da ilusão enganosa do sucesso.

Taça número 2: Uma minúscula deusa que representa Eros, num vestido em estilo grego, surge da taça, onde está gravado o símbolo de Vênus, conectando-a à sensualidade da carta da Imperatriz e à criatividade tátil.

Taça número 3: Uma serpente surge da taça inscrita com o glifo astrológico de Mercúrio. Ela se conecta ao cinto tradicional da serpente do Mago e deixa a taça repleta da energia do conjuro.

Taça número 4: Uma figura velada surge de dentro da taça, onde está gravada uma lua crescente, conectando-a à Sacerdotisa. Essa taça se conecta a todos os aspectos do poder lunar.

Taça número 5: Um dragão surge da taça. O símbolo alquímico do Sol conecta essa taça à carta do Sol e ao crescente poder da energia solar.

Taça número 6: Um castelo cujas torres o conectam à carta da Torre surge da taça, onde está gravado o símbolo de Marte, remetendo à energia de desejo e ação.

Taça número 7: Na última taça, joias surgem cintilantes numa luz caleidoscópica, conectando-a à Roda da Fortuna. O símbolo de Júpiter está gravado na taça como um lembrete das suas propriedades de sorte e fortuna.

NA POSIÇÃO NORMAL: Múltiplas possibilidades. Escolha. Opções. O que espera ser manifestado. Decisões. Imaginação sem limites. Lançamento de feitiços eficazes com individualidade e beleza única.

NA POSIÇÃO INVERTIDA: Bloqueio que impede a clareza de visão. Desvalorização dos dons pessoais. Dar atenção aos outros em vez de focar em si mesma.

• • • • • • • •

Para corrigir a inversão, pergunte-se:
Como posso ter mais foco?

Oito de Copas

Partida

Saturno em Peixes

Comece a despedida,
o momento é agora.
Sua hora chegou.
Abra-se ao que desconhece.

O Oito de Copas aparece em momentos raros em que você está pronta para desistir do que tem para obter algo de que precisa. Uma figura envolta num manto afasta-se de oito taças vazias. Ela se apoia num cajado para subir um caminho de pedras. A Lua cobre o Sol, é um eclipse solar. Estranhas sombras duplas preenchem a cena enquanto a faixa de sombra do eclipse envolve a paisagem. O satélite lança um brilho fraco sobre as montanhas durante esse momento de transição.

As taças do tarô, em geral, estão cheias com o lado ensolarado dos bons sentimentos. As taças vazias refletem o que vale a pena deixar para trás. Não há risco porque não há apego. A curiosidade sincera e a disposição para abraçar o desconhecido estão representadas nesta carta.

O Oito de Copas dá o primeiro passo da jornada do Eremita. É a jornada do conhecimento interior e da sabedoria. É a capacidade de se afastar de todos os apegos — bons, ruins e neutros —, o que revela crescimento e bravura. O segredo do

Oito de Copas é que nada é de fato deixado para trás. A vida avança com você.

Na posição normal: Seguir em frente tanto no âmbito físico quanto no emocional. Desistir do que você tem para conseguir algo de que precisa. Partida em grande escala em seus próprios termos. Hora de dizer adeus. Seguir o caminho mais elevado.

Na posição invertida: Presa e impedida de avançar. Incapaz de se libertar de laços emocionais. Tristeza sem causa. Excesso desnecessário.

• • • • • • • •

Para corrigir a inversão, pergunte-se:
O que preciso deixar para trás?

Nove de Copas

Sim

Júpiter em Peixes

A água passa embaixo da ponte.
A ninfa de olhos verdes aprenderia.
Lá no fundo você sempre soube
que seu desejo se realizaria.

Seu desejo é concedido! Uma criatura aquática mítica emerge da ponte de arco feita de pedra. Como um gênio na garrafa, ela oferece a você a própria magia que estava procurando. Nove taças estão sobre a ponte, simbolizando toda a emoção que você investiu nas suas esperanças e nos seus sonhos. É hora de usufruir, se deliciar e saborear os prazeres da vida. É o deleite dos sonhos se tornando realidade e a felicidade que ele contém. A ponte representa a transição de um ponto de realidade para outro. Esta carta é um divisor de águas, em que a vida muda para sempre.

O segredo do Nove de Copas é a caixa de Pandora na forma de um baú do tesouro trancado e escondido embaixo da ponte. Ele contém as consequências (boas, ruins e neutras) de um desejo concedido. Esteja atenta ao que deseja. Esta carta aparece para dizer que você vai conseguir. Desfrute dessa satisfação.

NA POSIÇÃO NORMAL: A resposta é sim. Realização de desejos. Prazer e felicidade. Deleite e sintonia. A conquista do que se quer.

NA POSIÇÃO INVERTIDA: Decepção depois de receber exatamente o que pediu. O desejo de voltar no tempo. Incapacidade de desfrutar de presentes e dádivas. O tempo para uma ação eficaz já passou.

• • • • • • • •

Para corrigir a inversão, pergunte-se:
Qual é a consequência imprevista?

Dez de Copas

Felicidade

Marte em Peixes

Paz e prazer, amor e luz.
Desfrute da alegria para compartilhar o deleite.
Com amor e luz e sem prejudicar ninguém,
nós declaramos que o feitiço está feito.

O Dez de Copas revela felicidade familiar. Um casal abraçado abre o coração para um arco-íris que sustenta dez taças deslumbrantes. Montanhas distantes lembram a jornada do Louco; ressaltam a capacidade de valorizar toda a emotividade e as lições de vida. Alegria e celebração são comemoradas na comunidade e na família que você criou.

Um menino e uma menina dançam enquanto um felino dorme, e seu amigo canino se aninha ao lado dele. A fazenda, os jardins e o campo são coroados por um arco-íris. Esta carta é um lembrete do lar que construímos para nós mesmos no mundo. Todas as pessoas desejam sentir alegria, amor e felicidade.

A fazenda fica ao fundo, junto aos jardins e campos, às colinas e árvores da propriedade. O rio está à vista, e o jardim é exuberante. Tomates maduros — que os franceses chamam de *pomme d'amour*, ou seja, "fruto do amor" — despencam do caule.

Esta carta é a culminação do trabalho árduo, do amor e da magia. É uma aliança com sua família escolhida. O Dez de

Copas, em seu aspecto mais elevado, representa sentir-se em casa consigo mesmo e, portanto, também sentir-se em casa no mundo. Essa é a carta do "felizes para sempre". O segredo dela é que não existe "felizes para sempre"; existe somente o agora.

NA POSIÇÃO NORMAL: Celebração e deleite. Lar, felicidade e contentamento. Em casa no mundo. Verdadeiro prazer. Amor profundo. Tudo ficará bem.

NA POSIÇÃO INVERTIDA: Vida doméstica tensa. Instabilidade familiar. Sentir-se sufocada no ambiente familiar. Claustrofobia. Antigas histórias e velhos hábitos trazem o pior à tona.

• • • • • • • •

Para corrigir a inversão, pergunte-se:
Que pequeno ajuste pode aproximar a todos?

Ás de Espadas

Início

Raiz do poder do ar

Espada reluzente, morcegos em pleno voo.
Brilho e escuridão estão interligados.
Confie em seu instinto; o que está feito está feito.
Pise leve agora, seu feitiço está lançado.

Os sinos do meio-dia ecoam pelo vale enquanto a luz clara do dia ilumina o reino do pensamento e da mente. A acuidade mental é simbolizada por uma lâmina afiada como navalha, empunhada com firmeza pela bruxa. Sombra e luz brincam com os dois lados da lâmina, revelando brilho e escuridão interconectados. Ambos os lados são levados em conta.

Nuvens se reúnem, representando a entrada para o mundo invisível. Um novo *insight*, uma única ideia original, tem o poder de mudar o curso de uma vida e, assim, o mundo. O segredo do Ás de Espadas é confiar no instinto. Esta carta é um lembrete para confiar nas ideias que lhe ocorrem.

A coroa dourada sugere uma mente vencedora em sintonia com o eu superior. Milefólio (usado em feitiços para a coragem), orquídeas cor-de-rosa (cujas raízes servem para encantamentos de amor) e violetas (colocadas sob o travesseiro para evocar sonhos proféticos) se projetam da coroa do rei para simbolizar manifestação. Desfechos espetaculares florescem como resultado de planos bem executados. Mantenha o rumo. Confie em si mesma.

NA POSIÇÃO NORMAL: Raciocínio claro. Pensamentos vencedores. Confiança no que você conhece. Planos excelentes. Instintos aguçados. Triunfo. Intuição aflorada. As ideias surgem com rapidez. A ação é inevitável.

NA POSIÇÃO INVERTIDA: Aviso para você alicerçar seus planos e manter-se firme no que sabe. Recusa em ceder.

• • • • • • • •

Para corrigir a inversão, pergunte-se:
Qual é o meu mantra?

Dois de Espadas

Meditação

Lua em Libra

Prometa que a esperança não vai morrer.
Se preciso, enfie um cardo no olho e se lembrará.
Conselho para todos: mantenham distância!
Pensamentos nefastos a espada afastará.

O Dois de Espadas revela uma bruxa que vendou os próprios olhos. Para escapar da confusão, ela se volta para dentro, com a intenção de cultivar mais sabedoria e lucidez. Evite ouvir conversas incessantes. Acolha o chamado da alma. Preste atenção à voz interior que brota do seu eu Sacerdotisa.

Plantas emoldurando a imagem crescem em direção à bruxa. Hortelã-selvagem (adicionada à limonada para favorecer uma comunicação clara), alecrim-espinhoso (para melhorar a memória) e cardos-roxos (que absorvem negatividade) se mostram abundantes e viçosos. As plantas rodeiam a bruxa, como a manifestação das opiniões e dos pensamentos alheios.

A bruxa segura duas espadas sobre o coração, numa postura protetora. O segredo desta carta é descobrir como erguer escudos protetores. Ela não vai ferir ninguém que queira ajudá-la, mas deve tomar sozinha sua decisão. O Dois de Espadas simboliza a contemplação solitária do eu.

NA POSIÇÃO NORMAL: Preste atenção à voz interior. Conselhos alheios não são necessários. Tire proveito da própria experiência. Uma escolha que só você pode fazer. Refugie-se no santuário interior dos seus pensamentos. Bloqueie distrações. Afaste-se dos outros. Proteja o coração.

NA POSIÇÃO INVERTIDA: Confusão e agitação mental. Depender demais do conselho dos outros. Os riscos decorrentes de deixar os outros determinarem o que é melhor para você. Distração.

• • • • • • • •

Para corrigir a inversão, pergunte-se:
Como posso parar de me importar com
o que os outros pensam de mim?

Três de Espadas

Desgosto

Saturno em Libra

Coração remendado, ferido, despedaçado.
Tecido macio perfurado pela traição.
Expulse a dor, libere-a também.
Enquanto se cura, expandirá seu coração.

O Três de Espadas revela uma bruxa no chão com as costas arqueadas como se algo tivesse sido arrancado do seu peito. Seu cabelo se espalha pelo chão, como a dor que irradia de um coração partido. Ela sofre com o desgosto, a dor e a traição provocados por um triângulo amoroso. É a dor do abandono, da descoberta de que seu amor não é correspondido e de que a pessoa amada traiu sua confiança. Esta é a carta do luto, da perda e da tristeza.

Olhe mais fundo para descobrir que o Três de Espadas, na verdade, é uma carta de cura xamânica. Para que o veneno seja removido, precisa ser drenado. Quando a doença é extraída, deixa um buraco no lugar. Esta é a carta do desgosto, mas também da eliminação do que não serve mais. A dor é levada e afastada pelas três espadas precisas da verdade. Os corvos são mensageiros metamórficos que trazem cura. As flores da roseira são associadas ao amor, à cura e ao poder psíquico.

Dê a si mesma espaço e tempo para se curar. A vulnerabilidade recém-descoberta traz consigo oportunidades. Evolua abandonando padrões antigos e histórias ultrapassadas. O segredo desta carta é a abertura do coração. No entanto, essa abertura do coração dói. Tanto a alegria quanto a dor abrem o coração para torná-lo mais maleável. Não é um processo confortável, mas é essencial.

NA POSIÇÃO NORMAL: Desgosto, traição e tristeza. Abertura do coração. Cura xamânica. Jornada ao cerne de quem você é. Reescrever a própria história. Suporte o desconforto para superá-lo.

NA POSIÇÃO INVERTIDA: Evitando a dor que precisa ser enfrentada. Padrões antigos foram curados. Libertação de quem magoou seu coração.

• • • • • • • •

Para corrigir a inversão, pergunte-se:
Como posso me portar diante do desconforto?

Quatro de Espadas

Descanso

Júpiter em Libra

O pó do lúpulo garante sono profundo.
Pensamentos serenos de quem mergulha no sono.
Sonhos vêm rápido com o chá da valeriana.
Visões vespertinas ocorrem a quem o toma.

Uma mulher angustiada com a sua insônia veio ao jardim da bruxa em busca de um feitiço para dormir. Lavanda e raiz de valeriana a embalam e a fazem cair no sono. Seus pensamentos furiosos cessam e sua mente rejuvenesce. Ela e um gato do jardim descansam em meio a uma doce aura de calor, dentro de uma estrutura antiga que exibe uma decadência exuberante.

Um sono profundo é evocado no Quatro de Espadas. Esta é a carta da mente serena, em completo repouso. O número 4 está associado à estabilidade mental em todos os aspectos. Um sentimento de paz foi cultivado. Você confia no que conhece. Pensamentos, ideias e histórias não têm pontas soltas. Propostas são sugeridas e colocadas em prática. Novos pensamentos são levados em consideração sem se enredarem no ego. Ideias novas e interessantes surgem. Duas espadas para cima e duas espadas para baixo expressam vulnerabilidade, bem como a capacidade de proteger o eu, se necessário. O segredo do Quatro de Espadas é a importância do autocuidado, pois apenas bruxas saudá-

veis lançam feitiços eficazes. É amor e proteção se estendendo ao reino da mente e do pensamento.

Na posição normal: Pensamentos estáveis. Prazer nas decisões. Bom descanso. Mente, espírito e corpo em boas condições. Uma pausa para dar asas à imaginação e contemplar o futuro. Uma mensagem enviada com sucesso. Noites tranquilas. Restauração da mente, do corpo e da alma.

Na posição invertida: Uma mente tumultuada. Não confiar no que é imaginado ou vislumbrado com o olho da mente.

• • • • • • • •

Para corrigir a inversão, pergunte-se:
Como posso acabar com as
distrações mentais?

Cinco de Espadas

Crueldade

Vênus em Aquário

Oleandro, o assassino mais doce;
a morte que nos leva com um breve aceno.
É preciso mexer o caldeirão da astúcia
ao ouvir das bruxas uma palavra repleta de veneno.

Uma cena assustadora se desenrola nas ruínas de uma estufa antiga. Uma mulher severa, porém majestosa, está numa escada em espiral apontando uma espada para uma jovem bruxa. A agressora protege duas espadas que parece ter tomado da outra mulher. Uma jovem olha pela janela como se tivesse acabado de se deparar com a cena violenta.

O Cinco de Espadas mostra uma cena de crueldade, na qual alguém tira vantagem de outra pessoa. Figuras mais maduras e mais jovens são representadas para retratar traumas e comportamentos herdados. Mudamos o padrão quando paramos de reagir de modo inconsciente e começamos a responder à situação diante de nós. Como podemos enfrentar os desafios de maneira nova? Os maiores vilões do mundo justificam suas ações. A figura espiando é testemunha da crueldade e da injustiça. Que responsabilidade a testemunha tem?

O Cinco de Espadas parece retratar a vitimização e a agressão. O segredo desta carta é o fato de você tratar os outros como trata a si mesma. As pessoas lideram de acordo com suas questões mais problemáticas. Se sabe disso, você conhece a pessoa sentada à sua frente. O remédio amargo da carta transmite a crueldade das palavras. O veneno que você dá ao outro envenena a si mesma. A mágoa causada por palavras cruéis dura meses, anos ou uma vida inteira.

Na posição normal: Vitimismo e traição. Uma luta injusta. Confronto malicioso. Deleite com a crueldade. Assuma responsabilidade pelo que é dito e feito. Reconheça o papel que você tem nos relacionamentos.

Na posição invertida: Evitar as situações dolorosas em que você costumava se envolver. Recusar-se a participar de um drama coletivo.

Para corrigir a inversão, pergunte-se:
Como posso falar gentilmente com aqueles que me intimidam?

Seis de Espadas

Jornada

Mercúrio em Aquário

A água beija a costa longínqua.
O que foi não pode mais voltar a ser.
A espada de aço lidera, a sabedoria reconhece.
Desvende o caminho para o que resplandece.

Uma bruxa está na frente de um pequeno barco de madeira que corta silenciosamente as águas mansas de um rio. Uma espada é estendida a partir do seu chakra do Coração e paira sobre as palmas de suas mãos abertas. É a força orientadora do instinto e da intelectualidade. Ela segue a bússola da alma e brilha com um fulgor mágico inerente.

O Seis de Espadas propõe uma nova direção. A bruxa segue sua bússola interior, para descobrir o seu verdadeiro norte. A espada ilumina seu rosto com um brilho acolhedor. Ela está alerta e totalmente focada. O céu limpo e as águas calmas representam sua mente tranquila. Cinco espadas estão espalmadas atrás dela. Ela carrega com ela suas lições. Não se esquece de onde veio. Uma figura misteriosa conduz o barco, evocando a travessia no rio Hades. Uma criança repousa a cabeça sobre a coxa da bruxa, representando nutrição e confiança. Esta não é uma jornada solitária.

As três figuras representam as três etapas da vida e nossas ligações ancestrais. É um quadro familiar. Cada um de nós é a personificação viva de quem veio antes e de quem virá depois. Cure a si mesmo para curar também aqueles que vieram antes de você e aqueles que virão depois.

Na posição normal: Viajar com companhia. Transformar a realidade presente. Tempos melhores estão por vir. Laços emocionais profundos. Confiar no instinto e na visão para navegar mesmo em meio à escuridão e ao tumulto. Saber que você nunca está sozinha. Abrir um novo caminho. Viagem e movimento.

Na posição invertida: Sentir-se presa a algo quando é importante avançar. Considerar razão e coração da mesma forma.

• • • • • • • •

Para corrigir a inversão, pergunte-se:
Como posso avançar?

Sete de Espadas

Engano

Lua em Aquário

Fuja enquanto intrigas são feitas.
Planeje o tempo, a época é perfeita.
Mova-se com cuidado, seja furtiva.
Evite o perigoso leque da suspeita.

O Sete de Espadas parece representar as muitas opções de um plano de fuga. Dois corvos pousados num galho observam e chamam a bruxa. Eles simbolizam um senso interior de moralidade e o conhecimento de que tudo o que você faz é visto pelos olhos do Universo. Você pode pensar que está se safando de algo, mas será que está mesmo? Todos pagam suas dívidas cármicas. Seu plano secreto pode não dar certo. Pese os riscos antes de prosseguir.

O segredo do Sete de Espadas é o poder mágico que encerra a decisão de carregar apenas o necessário. Planejar é importante. A bruxa olha para trás, obcecada talvez pelo passado. Ela é assombrada por velhos fantasmas ou está atenta ao que acontece agora? Ela se esgueira sozinha porque é necessário ou porque evita a companhia dos outros? O aspecto mais importante desta carta é entender as próprias motivações para garantir o sucesso.

Na posição normal: Escapar impune. Mover-se sob o manto da escuridão. Levar só o necessário. Escapar sem ser vista. Um segredo que vale a pena guardar. Disposição para arriscar tudo.

Na posição invertida: Ganância e o desejo de querer tudo para si mesma. Uma ideia terá um resultado oposto ao desejado. Perder tudo o que foi ganho.

• • • • • • • •

Para corrigir a inversão, pergunte-se:
Como posso reavaliar a situação?

Oito de Espadas

Restrição

Júpiter em Gêmeos

Reflita sob a lua tempestuosa.
O que está em movimento já vai despertar.
Flutuando amarrada, com os olhos sem ver,
a mente sonha horrores para nos assombrar.

Algo maligno se aproxima. Uma lua cheia tempestuosa ilumina o Oito de Espadas. Um antigo lago cercado de pedras é um portal para o Outro Mundo. Ipomeias brancas e beladonas adornam suas margens. Uma bruxa amarrada paira sobre o portal, com uma espada abaixo de seu chakra do Coração e outras seis cravadas no chão.

O Oito de Espadas é a carta da restrição e da sensação de estar cativa numa situação além do seu controle. A leitura esotérica e o segredo desta carta revelam uma iniciação oculta. A bruxa se entrega a um sofrimento angustiante para que, quando remover a venda dos olhos, possa ver o mundo com novos olhos. Ela renascerá. Veja a sua vida à luz dessa leitura esotérica. Você precisa enfrentar seu maior desafio. Você o receberá de bom grado? Peça ajuda ou orientação com antecedência, mas, para vencer demônios interiores e superar padrões repetitivos, você precisa agir sozinha.

NA POSIÇÃO NORMAL: Iniciação xamânica. Aprisionamento. Isolamento. Violência contra si mesma. Conflito interior. Tentar controlar o que não pode ser controlado. Aceite o desafio para superá-lo.

NA POSIÇÃO INVERTIDA: Traição e circunstâncias imprevistas. Completo caos.

• • • • • • • •

Para corrigir a inversão, pergunte-se:
Como posso salvar a mim mesma?

Nove de Espadas

Ruminação mental

Marte em Gêmeos

Na mente, um enxame de vespas furiosas,
Dor e espadas trazem animosidade.
Acalme a mente para cultivar paz e descanso.
Só assim encontrará a liberdade.

Uma bruxa acorda de um pesadelo durante um cochilo vespertino. Ela dormiu por muito tempo. O sol se põe atrás dela. Ela está atordoada e confusa. Vespas saem de uma árvore frondosa, representando o zumbido de pensamentos sombrios. Um gato se afasta assustado. Nossos animais familiares sentem o que sentimos. Olhos brilhantes espiam da escuridão — mais pensamentos apenas esperando para assombrá-la.

O Nove de Espadas aparece quando você se encontra num ciclo de pensamentos destrutivos que não têm propósito nem sentido. Contenha as dúvidas e as inseguranças afastando a atenção do próprio eu. O crepúsculo é a fronteira entre o mundo interior e o exterior e os pensamentos e a realidade. É o espaço nebuloso onde coexistem pensamentos e emoções. O Nove de Espadas reflete o ponto em que os pensamentos se tornam insuportáveis. Empenhar-se para ter saúde mental é essencial. Seja sua própria defensora encontrando estratégias e recursos para lidar com a ansiedade e o estresse.

O segredo do Nove de Espadas é reconhecer que os pensamentos por si sós não têm poder se você não se identificar com eles. Veja um pensamento pelo que ele é. Sinta o pensamento. Deixe-o ir. O fato de um drama se desenrolar na sua mente não significa que ele precisa afetar a sua vida.

NA POSIÇÃO NORMAL: Tumulto mental. Ansiedade paralisante. Sentir-se perdida. Autoflagelo. Insônia. Pesadelos. Terror noturno. Pensamentos destrutivos. Angústia. Temor.

NA POSIÇÃO INVERTIDA: Buscar respostas. Evitar o cerne da questão. Decepção e desespero.

• • • • • • • • •

Para corrigir a inversão, pergunte-se:
Como posso mudar minha perspectiva?

Dez de Espadas

Conclusão

••••

Sol em Gêmeos

Papoulas de ópio auxiliam no sono.
Problemas brotando de gerações passadas.
Sacrifique o eu, eles dizem,
e sua mente não estará mais aprisionada.

Não discutimos com a natureza sobre a mudança das estações. À medida que o verão se transforma em outono, aceitamos as dádivas do ar fresco, das folhas caindo das árvores e dos crepúsculos escarlates. No entanto, quando se trata de pensamentos, hábitos e ideias persistentes, por que é tão difícil dizer adeus? O segredo do Dez de Espadas é saber quando deixar ir.

O Dez de Espadas marca a morte do ego. É o fim de um ciclo de pensamentos que a manteve aprisionada. A barreira entre você e a possibilidade vai abaixo. A bruxa é apunhalada em seus chakras do Sacro, do Plexo Solar e do Coração. Ela crava a última espada profundamente no coração. As espadas atingem nossos centros emocionais, simbolizando como nos sentimos em relação a nós mesmas e, portanto, com relação ao mundo.

Assim como a Bruxa Má do Oeste, do *Mágico de Oz,* usou campos de papoulas para adormecer Dorothy e seus amigos, a bruxa sonha num campo de papoulas. A papoula — da qual o

ópio é retirado para se preparar a codeína, a heroína e a morfina — é regada pelo sangue que pinga da bruxa. O ciclo está completo, mas a experiência permanece.

O Dez de Espadas é a carta da morte metafórica. A bruxa do campo sacrifica seu eu antigo para poder ser jovem de novo. A fonte da juventude está na liberdade da mente. Ciclos antigos precisam ser encerrados de uma vez por todas.

NA POSIÇÃO NORMAL: O que está feito não pode ser apagado. Resolução dos dramas. Sacrifício. Finais importantes. O derramamento do sangue metafórico alimenta nova vida. Morte do ego. A paz de, enfim, deixar ir.

NA POSIÇÃO INVERTIDA: Querer se libertar, mas não saber como. Confusão.

• • • • • • • •

Para corrigir a inversão, pergunte-se:
Como posso encerrar este ciclo com suavidade?

Ás de Pentáculos

Semente

Raiz do poder da terra

Mão de bruxa e orvalho do amanhecer.
Algo vem só para o seu prazer.
O fio da aranha e os sinos de dedaleira.
Tempo propício para a magia verdadeira.

A luz do nascer do sol se espalha pelo jardim da bruxa enquanto dedos fascinantes seguram com delicadeza um pentáculo verde e dourado. A bruxa reúne a energia da manifestação universal na palma da sua mão. O pentáculo reflete a semente de toda a criação no mundo. A oportunidade está à mão.

A mão da bruxa surge de densas nuvens brancas. As nuvens simbolizam no tarô um portal entre realidades invisíveis e visíveis. O Ás de Pentáculos representa uma manifestação, uma herança ou uma oportunidade envolvendo dinheiro. São posses materiais novas, como uma propriedade, uma casa ou um carro. Também indica um nascimento ou um novo amigo, uma vez que os pentáculos refletem as pessoas presentes na nossa vida.

A aranha tecendo seu fio de seda remete ao ato de tecer histórias de autovalorização. A medida do nosso valor pessoal é revelada na maneira como cobiçamos os pertences e as conquistas dos outros. O que você acha que merece? Um caminho atravessa um arco de pedra, levando ao limiar de um jardim e dali para fora, em direção ao mundo. O retorno ao lar lhe aguarda. O segredo do Ás de Pentáculos é o modo como você determina seu destino. Reivindique o seu valor e reconheça seus dons.

Na posição normal: Milagres manifestos. Uma oportunidade em seu caminho. A posse de recursos necessários. Início de um novo projeto ou de uma nova empreitada. Dádivas concedidas a você.

Na posição invertida: Repressão de algo que quer vir à tona. Ato de esconder recursos às custas dos outros. Escassez devido a sentimentos de não merecimento.

• • • • • • • •

Para corrigir a inversão, pergunte-se:
Como posso me doar?

Dois de Pentáculos

Divisão

Júpiter em Capricórnio

Ande rápido, você está com pressa.
Criaturas correm pela densa floresta.
Faça sua escolha, você tem opção.
Sempre ouça a voz que vem do coração.

Um pequenino elemental da Terra brinca com dois pentáculos, que se movimentam e formam uma lemniscata, o símbolo do infinito. Dois esquilos de espécies diferentes observam fascinados e esperam que um dos *tokens* mágicos caia. Eles querem guardá-lo para o inverno.

O Dois de Pentáculos reflete a escala evolutiva da divisão. Um único pentáculo se torna dois. Opções aparecem. O dinheiro e os recursos aumentam. O segredo do Dois de Pentáculos é que a energia nunca some; ela apenas se transforma. A fada da Terra sabe disso e captura essa energia para seu uso.

A vida é um ato de equilíbrio. Dê passos leves para desfrutar da dança e evite levar as coisas muito a sério. Aproveite os ciclos energéticos da vida e aprenda a usufruir deles. Descanse quando for preciso. Trabalhe quando opções aparecerem. Siga o ritmo da natureza, e sua energia impregnará cada gesto, cada intenção e cada atitude sua.

Na posição normal: Escolhas encantadoras. Evolução e crescimento. Oportunidades no horizonte. Alegria na criação. Atração magnética baseada no que é apresentado ao mundo. Dualidade. Hora de aproveitar a jornada. Regozije-se com a dança.

Na posição invertida: Guardar segredos. Recusa em deixar os talentos virem à tona. Medo de ser roubada.

• • • • • • • •

Para corrigir a inversão, pergunte-se:
Como posso viver com mais leveza?

Três de Pentáculos

Colaboração

Marte em Capricórnio

Artesãos laboram, desenhistas rascunham.
Fadas veem o caminho encantado com nitidez.
Cada um tem dons especiais, é fácil perceber
A magia pulsa através do número três.

Uma bruxa artesã está concentrada no trabalho de esculpir uma treliça que tem um trio de pentáculos entalhado na parte superior. Uma marmota acompanha o trabalho com o projeto da treliça nas mãos, e uma fada o observa. Ipomeias evocam a essência invisível da magia do jardim. Ferramentas, tintas e outros instrumentos estão espalhados ao redor. A bruxa artesã usa uma flor no cabelo e violetas em seu bolso de trás.

O Três de Pentáculos simboliza a colaboração levada à manifestação. Tudo na vida é uma troca energética entre dar e receber. A reunião de talentos e habilidades resulta em projetos únicos, novas amizades e alianças. O segredo desta carta é a referência à Maçonaria, por meio do banco da artista, do avental e das ferramentas, que simbolizam essa antiga sociedade secreta, segundo a qual a vida que edificamos ao nosso redor reflete o templo interior da alma.

Honre as obras que desejam brotar das suas mãos. Peça ajuda quando precisar e colabore com aqueles que compartilham talentos e inspiração livremente. Você está construindo algo belo.

Na posição normal: Trabalho em equipe. Busca de especialistas. Renovação da casa e do lar. A construção de algo para si mesma. Um projeto que dá frutos. Artesanato e colaboração.

Na posição invertida: Um projeto tem uma parada repentina. Esforço que supera os resultados. Joguinhos de poder entre colaboradores.

• • • • • • • •

Para corrigir a inversão, pergunte-se:
Como posso colaborar com generosidade?

Quatro de Pentáculos

Estabilidade

Sol em Capricórnio

Duro como rocha, granito espesso.
O investimento cuidadoso traz sucesso.
Os recursos crescem e a vida é bela,
mas não deixe que se tornem sua única tela.

Um homem ganancioso entrou sorrateiramente no jardim sem permissão. Ele tentou roubar os tesouros que havia ali dentro. Só não sabia que todos os que roubam de uma terra encantada são transformados em pedra. A figura, que evoca o Rei Midas, estava tão presa à sua obsessão pela riqueza que isso se tornou sua ruína. Vinhas rastejantes transmitem a mesma sensação de apreensão que a estátua de pedra.

O Quatro de Pentáculos aparece quando alguém obteve resultados sólidos no plano material. Já tem suas economias; o seu negócio é forte e estável, e você está se sustentando. Já travou bons relacionamentos. O segredo desta carta é saber quando mudar sistemas e hábitos. Não há problema nenhum com o fato de você ter se empenhado em estabilizar sua vida financeira quando havia necessidade. Mas será que não está presa a um hábito que não lhe beneficia mais? O Quatro de Pentáculos representa a estabilidade, mas também é um aviso

para que você se concentre em coisas que de fato importam no momento.

Na posição normal: Tentativa desesperada de manter o que nunca foi seu. Atitude de se agarrar com firmeza aos seus recursos. Estabilidade e crescimento financeiro são necessários, mas não deixe que se tornem uma prisão. Bases sólidas, estáveis e que se sustentam sem precisar do seu esforço.

Na posição invertida: Dificuldade para manter o que conquistou. Um castelo de cartas que está indo abaixo. Reúna seus recursos para fazê-los trabalhar por você.

• • • • • • • •

Para corrigir a inversão, pergunte-se:
A que estou me agarrando?

Cinco de Pentáculos

Dificuldades

Mercúrio em Touro

A neve da primavera marca o amargor.
Levante os olhos, a luz vai lhe sorrir.
Um instante de pausa e você verá
o que mais busca diante do nariz.

Esta é a noite escura da alma. A neve úmida e densa pesa sobre a vegetação tenra. Um casal enfrenta as intempéries. Há símbolos misteriosos gravados em antigas janelas com vitrais. O cavalheiro está sem forças para seguir em frente enquanto sua companheira insiste em puxá-lo pela mão, para que a acompanhe.

O Cinco de Pentáculos parece refletir os altos e baixos dos relacionamentos de longa data. A carta reflete em especial brigas e desafios relacionados à segurança e a questões financeiras. Pensamentos sobre dinheiro muitas vezes estão ligados de forma direta aos sentimentos de amor-próprio e valor pessoal. Herdamos padrões e comportamentos aprendidos, e às vezes eles nos ajudam. O perigo está em continuar mantendo aqueles que não são mais úteis.

O segredo desta carta está na luz cálida e revitalizante da janela. O que eles procuram estaria bem diante deles se ao menos pudessem enxergar. Desconsidere o que já sabe para encontrar a solução mais apropriada. Supere o desafio atual encontrando uma nova maneira de expressar o que é necessário.

Na posição normal: Dificuldade e perda. Antigos argumentos ressurgem em novas questões. Enfrente este momento e você vai superar qualquer coisa. Uma oportunidade para resolver problemas financeiros de longa data. Permanecer unidos tanto nos momentos difíceis quanto nos bons.

Na posição invertida: Situações desafiadoras superadas. Armadilhas financeiras evitadas. Trabalho profundo da alma em relação a questões de valor, mérito e dinheiro.

• • • • • • • •

Para corrigir a inversão, pergunte-se:
O que este desafio pode me ensinar?

Seis de Pentáculos

Generosidade

Lua em Touro

Entes queridos agora presentes,
quando o perdido é logo encontrado.
Não há razão para você ter medo
se o que tem é compartilhado.

A bruxa está sentada sobre as raízes de um salgueiro-chorão. Ela segura uma balança repleta de presentes para todos. Os pratos estão equilibrados. Ela não faz nenhum julgamento nem atribui valor ao que distribui. Toda a natureza é atraída para os seus presentes. Veados, esquilos e pássaros procuram esta filha de Gaia.

Esta carta representa os momentos de dar e receber. Seu segredo é não restringir a generosidade. É ter tanto a capacidade de receber quanto a de oferecer. Os dois lados dos pentáculos são iguais. Presentes que não são oferecidos de boa vontade não são presentes, de modo algum; servem apenas para inflar o ego de quem presenteia. Lembre-se de que você é o presente que o mundo está buscando.

Na posição normal: Presentes espirituais e materiais. Filantropia. Sustento provido. Amor oferecido de boa vontade na forma de objetos materiais. Caridade e reciprocidade.

Na posição invertida: Julgar aqueles a quem você ajuda. Sentimento de superioridade. Usar o dinheiro para alimentar o ego.

Para corrigir a inversão, pergunte-se:
Por que estou julgando os outros?

Sete de Pentáculos

Colheita

Saturno em Touro

As primeiras colheitas não tardarão
Escolhas pedem sua decisão.
Não se apresse, siga no seu compasso
Prepare-se para dar o próximo passo.

A bruxa de Halloween faz uma pausa para pensar no futuro. As abóboras simbolizam a manifestação das suas esperanças e dos seus sonhos. Ela pediu para alcançar sucesso o quanto antes, por meio de uma magia sagaz e precisa. Sua história não acabou; há muito mais pela frente. Com alegria, ela se sente surpresa ao ver que o resultado está excedendo suas expectativas. Tudo aconteceu mais cedo do que o esperado. Agora é hora de mudar seus planos. Ela quer mais e precisa de mais, porém está insegura em relação ao que fazer a seguir; então, consulta as cartas.

O Sete de Pentáculos aparece quando resultados se manifestam rápido. O segredo desta carta é que os resultados rápidos são um sinal de que você está em sintonia com a magia. Para continuar, considere um cenário mais amplo e repense os objetivos finais. A magia mais eficaz é sempre surpreendente.

Na posição normal: Resultados constatados. Reflexão sobre o que resta a fazer. Seu trabalho árduo valeu a pena. Pensamentos sobre o que está por vir. Recursos viáveis ao seu alcance e muito ainda a fazer.

Na posição invertida: Planos com resultados desastrosos. Interrupção. Incapacidade de se recompor. Falta de foco.

• • • • • • • •

Para corrigir a inversão, pergunte-se:
Que decisão posso tomar?

Oito de Pentáculos

Trabalho correto

Sol em Virgem

O trabalho impulsiona a criatividade.
A vida pulsa quando você se ocupa.
Se ama o trabalho, você não tem idade.
Conhecer a si mesma é o grande truque.

O Oito de Pentáculos irrompe com a luz solar cintilante e a beleza de uma perfeita tarde de verão. Uma bruxa jardineira supervisiona um espaço de trabalho ao ar livre. Trepadeiras e cipós despencam em cascata de uma pérgola onde ela colocou coroas de flores artesanais com formato de pentáculo. Ela exibe seu trabalho manual. Pequenos aprendizes trabalham ao lado dela. Uma fada olha por cima do ombro da jardineira, outra contempla as coroas penduradas e uma terceira observa com ar satisfeito uma jovem aprendiz. O tempo parece parar enquanto todos se mantêm num estado de fluxo perfeito.

O Oito de Pentáculos aparece na tiragem como um reflexo do consulente enquanto este realiza o trabalho que ama. É a carta do artesanato e da maestria. Representa a exibição do trabalho que você faz com orgulho para todos verem. É também o compartilhamento dos seus dons ao orientar os outros. É uma forma de transmitir o ensino de uma arte de uma geração para outra. As fadas aparecem para representar as forças da natureza

trabalhando ao seu lado. Você está em sintonia e trabalhando arduamente com o que ama. O segredo desta carta é o prazer que se sente pela ética do trabalho.

NA POSIÇÃO NORMAL: Um espaço seguro para o trabalho. Deliciar-se na preparação. Artesanato, encomendas e habilidade profissional. Prazer no que você faz. Compartilhar dons e técnicas com os outros enquanto exibe orgulhosamente seu trabalho manual.

NA POSIÇÃO INVERTIDA: Passar um tempo longe do trabalho. Sentir-se sufocada no trabalho. Assumir responsabilidades em excesso. Compartilhar sua carga de trabalho com os outros e delegar tarefas. Você não está nessa sozinha.

• • • • • • • •

Para corrigir a inversão, pergunte-se:
De quais instrumentos eu preciso?

Nove de Pentáculos

Prazer

Vênus em Virgem

A alegria escorre da videira.
Primeiro a uva, depois o vinho.
Delicie-se com cuidados extremados.
A vida é doce para quem não está sozinho.

Uma mulher enigmática e poderosa está entre uvas roxas, folhas verdes e pentáculos dourados. Ela se sente plena de emoção, prazer e poder. A produção de vinho está associada à herança e aos ancestrais. Estamos entrelaçados na tapeçaria da nossa árvore genealógica. Antigos produtores de vinho passaram seus segredos e suas propriedades através das gerações. Os pentáculos refletem nosso DNA familiar e o que nos foi transmitido por aqueles que nos antecederam. A tríade de pentáculos no barril de vinho simboliza a criatividade que vem dos antepassados.

A taça de vinho indica que o fruto do seu trabalho deve ser apreciado. Um ouriço saboreia seu delicioso petisco. A bruxa usa uma luva de couro de falcoeiro para apoiar seu animal familiar emplumado. O pássaro não está vendado; portanto, pode usar sua visão periférica. O falcão representa a habilidade da mulher de ver o quadro geral e de construir relacionamentos com base na lealdade e na confiança. É também o prazer em si. O segredo do Nove de Pentáculos é saber quem você é.

NA POSIÇÃO NORMAL: Prazer de estar na própria companhia. Lealdade. Reservar tempo para saborear o que há de mais sofisticado. Qualidade. Relação simbiótica com o mundo animal. A manifestação do que sempre foi seu.

NA POSIÇÃO INVERTIDA: Perder o prazer terreno. Perseguir sonhos que não condizem com a realidade.

• • • • • • • •

Para corrigir a inversão, pergunte-se:
Com o que posso contar?

Dez de Pentáculos

Apogeu

Mercúrio em Virgem

Juntem-se, a magia está em ação.
O amor floresceu, vitória conquistada.
Com luz e amor, sem causar dano a ninguém,
declaramos nossa magia lançada!

O que começou como uma semente floresceu. O Dez de Pentáculos reflete a manifestação de todas as coisas no mundo material. Tudo o que é necessário está ao seu alcance. Não há mais nada a fazer. Não é necessário mais esforço. É hora de descansar, relaxar e desfrutar da magia dos pentáculos. O Dez de Pentáculos simboliza a riqueza em toda a sua extensão. Esta carta representa a abundância de saúde, a família e o contentamento.

A mãe de uma criança está sentada sobre um muro de pedra, uma barreira entre o mundo manifesto e o não manifesto. Rosas vermelhas exuberantes simbolizam a paixão no auge da floração. A mulher está com sua mão direita sobre a mão do parceiro e a outra mão sobre a cabeça da criança. Sua energia circula entre ambas as figuras, enquanto o menino divide a atenção com seu fiel companheiro peludo. Um segundo cão sonha com o que ainda está por vir. Uma cesta de delícias representa os doces frutos do prazer.

A família tem mais do que poderia desejar, porém há mais alguns elementos na imagem. O segredo desta carta é a figura da anciã, que tem experiência de vida, a capacidade de olhar além do mundo material e de ver o cerne da magia e da manifestação sagrada. Ela veste uma capa roxa coberta com símbolos astrológicos e traz uma cesta no braço. A anciã detém a chave de todos os mistérios que há por trás do mundo dos pentáculos. Agora que a família tem mais do que poderia precisar, é hora de desvendar os segredos da manifestação existente no mundo dos pentáculos. Esta é a carta da manifestação e da abundância máxima.

NA POSIÇÃO NORMAL: Tudo reverbera em abundância. Ter todos os recursos e o apoio de que você poderia precisar. Vida familiar abundante e vínculo com as pessoas que vieram antes de você e com aqueles que seguem seus passos.

NA POSIÇÃO INVERTIDA: Perturbações no ambiente doméstico. Semear o caos e o descontentamento nas pessoas mais próximas. A harmonia é possível, mas requer esforço.

• • • • • • • •

Para corrigir a inversão, pergunte-se:
Quais são os laços que unem?

Regentes da Corte

Paus

A família de Paus é composta de criaturas do fogo derretido. Siga as chamas tremeluzentes, as velas bruxuleantes e os raios para conhecer suas dádivas. Estas concedem inspiração, paixão e empolgação. Brilham com a energia solar e regem o elemento Fogo da energia kundalini, localizada na base da coluna vertebral. Paus marcam nossas reservas pessoais de energia, nosso poder individual e nossa determinação. Esse naipe nos ajuda a escolher uma carreira e é associado ao desejo erótico; também pode ser evocado para alterar o curso do nosso destino.

O naipe de Paus atrai a atenção como mariposas são atraídas para uma chama. Ele é quente ao toque. Seu brilho suave pode iluminar uma sala, produzir sombras sutis ou consumir uma floresta com línguas de fogo. Sua magia leva os seres humanos a desafiar e transformar a si mesmos.

Pajem de Paus

Aquela que lança feitíços

Temporada de verão

Criatura do fogo, filha da luz.
Ela se maravilha com aquilo que vê.
Tudo é possível na trilha certa.
Guias e animais protegem você.

A Pajem de Paus reflete paixão primordial e uma alma aventureira. Ela brota do fogo de um raio que cai nas raízes de uma árvore tombada. Ela é a tecelã de feitiços, uma iniciadora do fogo, uma centelha de excitação. É alimentada pelo desejo da sua imaginação e presta total atenção ao que a cativa. A Pajem de Paus aparece numa leitura para indicar estados de entusiasmo e encantamento.

A aventura e os novos caminhos atraem você quando esta carta surge na sua tiragem. A risada da Pajem de Paus a leva em direção à grande aventura. Seu animal espiritual é a raposa branca, que reflete a espirituosidade e a sorte. A curiosidade é sua mestra. A astúcia brilha através do seu olhar apaixonado.

NA POSIÇÃO NORMAL: Siga a sua paixão. Confie em seus instintos. Brinque com o que a intriga. A sorte lhe favorece. A liberdade a envolve. Alimente o seu entusiasmo. Energia juvenil.

NA POSIÇÃO INVERTIDA: Ciúmes e acessos de raiva. Desperdício de energia valiosa. Saia da rotina. Explore novos horizontes. É possível esquecer tudo o que você pensa que sabe?

• • • • • • • •

Para corrigir a inversão, pergunte-se:
Como posso me sentir jovem de novo?

Cavaleiro de Paus

Protetor

Sagitário (fogo mutável)

Para longe, as chamas voam com rapidez.
Cometas riscam o céu, um sonho por vez.
Quando a hora chegar, escolha com certeza.
Não há nada a perder, apenas beleza.

O Cavaleiro de Paus é uma onda de endorfina, uma personalidade explosiva que usa a chama da paixão para iluminar seu caminho. Uma onda de desejo corre em suas veias. A energia do cavaleiro é acompanhada pelo seu corcel, cujos olhos em brasa brilham como carvões incandescentes.

Se a Pajem de Paus era a faísca, o Cavaleiro de Paus é a combustão do fogo. O Cavaleiro de Paus representa a atração romântica. Ele não poupa esforços para conquistar o desejo do seu coração. As emoções podem ser exaustivas, mas, se você for bem-sucedida, tudo terá valido a pena. Em que missão você se encontra? Que prêmio está buscando? O cavaleiro lhe pergunta: quem ou o que satisfará sua alma sedenta?

NA POSIÇÃO NORMAL: Mobilize energia e carisma para realizar desejos. Surpreenda a si mesma. Deixe ir. Avanço rápido. Cautela para não ficar sem fôlego. Mensagens românticas e sentimentos apaixonados.

NA POSIÇÃO INVERTIDA: Levante-se e se mexa. Exercite o corpo e a alma. A agressividade reprimida precisa ser trabalhada. Arrisque-se. Saia da sua zona de conforto e imponha desafios a si mesma.

• • • • • • • •

Para corrigir a inversão, pergunte-se:
Até onde estou disposta a ir?

Raínha de Paus

Carísmátíca

Áries (fogo cardinal)

Chamas solares tecem poder enigmático.
Magia capturada, corações no centro.
A paixão irrompe dentro da pele.
Conheça a si mesma, de fora para dentro.

A Rainha de Paus é a força criativa do fogo. Ela irradia a energia do Sol, pode fazer plantas crescerem com um simples olhar e carrega a essência do fogo em cada gesto. A Rainha de Paus domina sua natureza apaixonada, mas não deixa a paixão dominar seus sentidos. O prazer é seu princípio organizador. Ela tem muitos amantes e uma curiosidade insaciável e aquece todos os que se aproximam.

O girassol em sua mão simboliza as divindades solares, sua confiança natural e sua força. Nunca subestime o modo como você inspira os outros. Sua outra mão segura uma chama nutriz. Ela é calorosa ao toque, mas nunca queimará, pois suas labaredas criam e sustentam a vida. Seu animal espiritual felino sugere intuição, autocontrole e um foco preciso como o *laser*.

Na posição normal: Carisma e charme. Fator X. Dedicação e paixão. Renovação. Calor que inspira os outros a brilhar. Reivindique seu direito de nascença.

Na posição invertida: Descontrole. Contenha-se. Volte sua atenção para algo útil. O desconforto surge pelo fato de você não ser verdadeira consigo mesma. Siga a sua luz interior.

• • • • • • • •

Para corrigir a inversão, pergunte-se:
Como posso alimentar meu fogo interior?

Reí de Paus

Líder

Leão (fogo fixo)

A Lua de julho e a chama se agitam.
Energia escorpiana você irradiará.
A inspiração acaricia a juba do leão.
Sobre um trono, outra vez, você se sentará.

O Rei de Paus reflete o princípio organizador do fogo. Ele a guiará com clareza quando o desejo ameaçar consumi-la. Ele é o sistema regulatório da química e do fogo interior. O Rei de Paus mantém a chama doméstica acesa enquanto colabora com os outros elementos para manter todos sob controle.

Seu trono traz o signo astrológico de Leão. Um escorpião descansa em seu punho e vaga-lumes pontuam a suave noite deste rei de Beltane. Mariposas são atraídas pela luz de sua tocha. O fogo irrompe do seu chakra da Coroa, acima de sua coroa de galhadas. Sua ação inspira grandes movimentos sociais.

Na posição normal: A espiritualidade é um fator-chave na situação em que você está agora. Adote uma atitude leonina. Seja imparcial e honesta ao lidar com as pessoas. Confie em sua visão original e leve-a até sua legítima conclusão. Um grande poder mora dentro de você.

Na posição invertida: Falta de energia. Hora de começar de novo. A faísca se extinguiu.

• • • • • • • •

Para corrigir a inversão, pergunte-se:
Devo me afastar desse comportamento?

Regentes da Corte

Copas

A família de Copas é composta de criaturas aquáticas. Você as encontra perto de rios, lagos e oceanos. Elas concedem imaginação e sonhos, assim como provocam tempestades e inundações. Copas colabora com os peixes e a flora. Esse naipe rege o plano dos sentimentos. Representa altos e baixos emocionais e nos ajuda a desenvolver empatia e amor. Também nos auxilia na escuridão para que possamos cultivar a luz.

O naipe de Copas é composto de metamorfos. É o líquido transparente que se transforma no gelo escorregadio, numa lagoa profunda ou na névoa ondulante. Conheça suas criaturas pela sua tonalidade azul-esverdeada e cor de jade, seus traços suaves e plenos. Sua magia evoca sentimentos, risos e lágrimas. Esse é o mais indefinível de todos os elementos e se mantém num estado constante de transmutação.

Pajem de Copas

Tecelã de sonhos

Temporada de outono

Visões, profecias e impulso.
Sentir nos faz despertar.
Faça a evocação e erga o cálice!
Veja como as coisas vão melhorar.

A Pajem de Copas emerge de uma grande poça no meio da chuva da primavera. Será que a pajem imagina os peixes saltando ou essa é uma feliz surpresa? Alegres calêndulas amarelas, lírios da floresta e um velho sapo sonolento se reúnem ao redor dessa pajem sonhadora.

A Pajem de Copas representa o estado infantil de encantamento. É o deleite com a própria imaginação e uma notável capacidade intuitiva. A energia da pajem reflete a essência infantil e o estado onírico. Essa atitude é trazida à tona quando você se entrega às artes, à amizade e à atenção cativante da curiosidade.

NA POSIÇÃO NORMAL: Tudo é possível. Poderes psíquicos e intuitivos estão ativos. Confie no que você sente. Siga sua vibração mais elevada. É seguro explorar a vastidão de sua imaginação. Delicie-se com os prazeres simples da vida. Brinque no mundo ao seu redor.

NA POSIÇÃO INVERTIDA: Pare de reprimir emoções. Dê um tempo a si mesma. Não leve o mundo tão a sério. Respire, ouça música e divirta-se um pouco para cultivar o equilíbrio.

• • • • • • • •

Para corrigir a inversão, pergunte-se:
Como posso ser mais aberta?

Cavaleiro de Copas

Poeta

Peixes (água mutável)

Doces poetas, romance, rimas lisonjeiras.
Corações batem rápido quando abraçados.
Águas graciosas acolhem os gentis.
Feitiços aquáticos são preparados.

O Cavaleiro de Copas está isolado num exuberante bosque aquático sob um salgueiro. Ele fixa o olhar num cálice enquanto sua mão com membranas acaricia seu fiel companheiro, um cavalo da água. Sua armadura, decorada com conchas do mar, tem o símbolo alquímico da água em seu centro. Outras partes protetoras da armadura estão no chão.

O Cavaleiro de Copas é um sedutor romântico tradicional, o personagem mais encantador do baralho. Uma chave para sua sedução é a capacidade que ele tem de se tornar vulnerável e mostrar seu lado mais terno. A arte e a poesia representam o grande poder de imaginação do Cavaleiro de Copas. Ele faz uma pausa para apreciar a beleza, ouve a linguagem da emoção e expressa aquilo com que os outros só podem sonhar. Pincéis de aquarela, tintas suaves numa paleta de conchas do mar e um caderno de desenhos refletem as qualidades artísticas desta alma sincera. Narcisos alegres irradiam a capacidade regenera-

tiva da primavera e as dádivas inerentes a um novo ciclo de vida e rejuvenescimento.

NA POSIÇÃO NORMAL: Romance e sedução por meio de elogios e palavras doces. Musa da arte e da poesia. Recusa em se adaptar às expectativas dos outros. Focar no que move a alma. Prazer lento e deliberado. Pense em como demonstrar as suas intenções.

NA POSIÇÃO INVERTIDA: Ignorar os aspectos mais suaves e doces da vida. Correr adiante sem saborear o que dá prazer. Tristeza em virtude do distanciamento emocional.

• • • • • • • •

Para corrigir a inversão, pergunte-se:
Quais dádivas emocionais posso oferecer?

Rainha de Copas

Empata

Câncer (água cardinal)

A força está na vulnerabilidade.
Fluxo de possibilidades como uma nascente.
Confortar os outros é uma habilidade nobre.
Encha o cálice e beba até saciar a sede.

A Rainha de Copas é como uma miragem na base de uma cachoeira, numa clareira escondida da floresta. Ela é a essência criativa da água. Encontre-a nas chuvas da primavera e nos rios caudalosos do verão. Ela se mantém próxima aos oceanos e às praias. A Rainha de Copas torna a vida possível por meio de suas águas revigorantes e terapêuticas.

Ela mergulha os dedos dos pés numa lagoa tranquila de água verde-crocodilo. Peixes, sapos e toda a natureza se reúnem ao seu redor, enquanto ela os gratifica com sua presença magnética. Ela é a mais amável de todas as rainhas.

É agraciada com os dons de compreensão e da empatia profunda. Compartilha sentimentos sem fazer julgamentos. Como agente de cura natural, não há animal, vegetal ou mineral com o qual ela não possa se identificar e que ela não possa entender. Ela dá espaço para os outros, permitindo que sejam eles mesmos.

A Rainha de Copas reflete um espaço liminar onde potenciais se fundem. Seu cabelo se transforma em água enquanto ela contempla um cálice ornamentado. Ela está ouvindo e sentindo o que o cálice contém. Testemunha e compreende todas as criaturas. Sente o que elas sentem e vê o que elas veem sem julgá-las.

Na posição normal: Uma atitude de compaixão, compreensão e empatia é necessária para chegar ao cerne da situação. Tornar-se um repositório para os outros enquanto estabelece limites de proteção ao seu redor. Mestre do seu estado emocional. Almeje o sublime.

Na posição invertida: Emoções desequilibradas. Explosões de raiva, extravasamento emocional e falta de limites com relação aos outros. Birras infantis e carência. Para ser uma rainha, você precisa controlar tudo isso.

• • • • • • • •

Para corrigir a inversão, pergunte-se:
Como posso ouvir melhor?

Rei de Copas

Artista

Escorpião (água fixa)

Para se sentar num trono de coral
é preciso um tom bem equilibrado.
Os sábios seguem as regras da sorte
e acessam instrumentos endiabrados.

O Rei de Copas é o portal para a água elemental. Seu trono de coral perolado reflete sua estabilidade em meio às águas turbulentas do oceano. O Rei de Copas tem a capacidade de enfrentar qualquer tempestade. Ele não controla o oceano, mas permite que ele seja o que é. Controla sem controlar. Com isso, ele é capaz de suportar todos os altos e baixos emocionais.

O Rei de Copas oferece uma forma às qualidades emocionais. Ele é o cálice, o receptáculo e o artista que pode levar suas visões até o fim. Ele domina suas emoções em vez de ser controlado por elas. Isso o torna eficaz em todos os setores da vida, pois ele responde ao mundo com base em uma profundidade de sentimento oceânica.

NA POSIÇÃO NORMAL: Gênio artístico. Confiável e atencioso. Direcione sua atenção para os projetos criativos que você domina. Celebre todos os aspectos do espectro emocional. Águas profundas e escuras cedem lugar aos raios solares e ao prazer.

NA POSIÇÃO INVERTIDA: Sentir pena de si mesmo. Imaturidade emocional. Trapacear para conseguir o que deseja. Machucar os outros por crueldade. É hora de crescer e assumir responsabilidades.

Para corrigir a inversão, pergunte-se:
O que posso trazer à tona?

Regentes da Corte

Espadas

A família de Espadas é composta de criaturas do ar. Encontre-as na atmosfera superior, manifestando-se através das brisas e do oxigênio da Terra. Elas concedem pensamento e clareza, narrativas e histórias. São a fonte de tornados e tempestades com ventanias e colaboram com pássaros, borboletas e insetos voadores.

A corte das Espadas exibe características élficas aguçadas, que combinam com sua surpreendente capacidade intelectual. Sua magia é evocar ideias. Esse naipe inspira as melhores e as piores decisões que você já tomou. Influencia o pensamento e conspira para criar mistérios que você possa desvendar. Mantendo seu cérebro ocupado, Espadas é o naipe mais inquieto e se move rápido pelo baralho.

Pajem de Espadas

Investigadora

Temporada de primavera

Hábil criatura do ar,
acordada, viva, presente.
Espíritos corteses vêm por vontade própria,
prontos para ajudar com seu sabre inteligente.

A Pajem de Espadas emerge de uma nevasca tão pura quanto a essência de um pensamento recém-formado. Ela é a figura mais inteligente do baralho, com um intelecto tão afiado quanto sua espada de prata. Suas asas diáfanas a levam aos cantos mais distantes da Terra. Ela resolverá qualquer mistério e colocará em prática os planos mais bem elaborados.

A Pajem de Espadas lê nas entrelinhas e nunca fica satisfeita com a resposta mais simples. Sua curiosidade insaciável a leva a grandes aventuras, conduzidas pelo toque mais gentil. Ela incute pensamentos e ideias originais em seu cérebro.

Um falcão simbolizando o poder visionário voa alto acima da pajem. Esse mensageiro do ar lembra você da natureza circular dos pensamentos e da consciência superior. Lembre-se de manter uma visão panorâmica enquanto examina suas cartas.

A pajem tem um mapa guardado em seu cinto. Confie em seu caminho à medida que ele se abre diante de você. Você carrega todos os instrumentos necessários para resolver sua situação.

Confie em seus instintos. Conte com seu intelecto para levá-la ao lugar exato em que você precisa estar.

NA POSIÇÃO NORMAL: Inovação e inteligência. Determinação decorrente de um pensamento aguçado. Atenção concentrada, que afasta todas as distrações. Astúcia e ousadia.

NA POSIÇÃO INVERTIDA: Não há necessidade de investigar mais a fundo sua situação. Aceite o que está acontecendo pelo que é. Não pense demais. Viva com mais leveza. Habitue-se a um toque delicado.

• • • • • • • •

Para corrigir a inversão, pergunte-se:
O que precisa se revelar?

Cavaleiro de Espadas

Guerreiro

Gêmeos (ar mutável)

A velocidade do pensamento e a força do ar.
Uma égua alada branca a cavalgar.
Auxilie meu feitiço agora, é urgente.
Atenda ao meu chamado; sigamos na frente.

O Cavaleiro de Espadas sai de uma nuvem com uma expressão pura de movimento, força e vivacidade. Sua espada aponta para a verdade e seu olhar está focado no ponto exato aonde deseja ir. Sua armadura é decorada com o símbolo alquímico do ar e as rédeas de seu cavalo são uma leve corrente de luz estelar. A lua crescente reflete uma situação em desenvolvimento. O jardim da bruxa é visível abaixo.

O Cavaleiro de Espadas tem a energia mais ligeira do baralho. Esta carta aparece em leituras para marcar uma resolução rápida e ágil. Ele age depressa e quase nunca perde o alvo almejado. Esta carta é um lembrete para você se defender ou defender outras pessoas. Astúcia e clareza devem ser empregadas. O Cavaleiro de Espadas, muitas vezes, aparece em leituras para sugerir um romance efêmero ou um avanço rápido demais.

NA POSIÇÃO NORMAL: Capacidade de se defender com eloquência e erudição. Correr à frente dos outros. Resolução rápida de um problema. Tome uma atitude agora. Não hesite, siga em frente. Qual é o seu ideal mais elevado? Avance em direção a ele.

NA POSIÇÃO INVERTIDA: Não pensar com clareza. Avançar sem um plano é desaconselhável. Pare para considerar as opções antes de fazer planos ou se comunicar com os outros.

Para corrigir a inversão, pergunte-se:
Qual é a ação necessária?

Raínha de Espadas

Autora

Libra (ar cardinal)

Uma mensagem enviada é bem recebida.
O chamado é ouvido, não se pode ignorar.
Sobre uma árida paisagem gótica,
reina a poderosa Rainha do Ar.

A Rainha de Espadas é a expressão da mente, do pensamento e da articulação. Ela é o vento que sopra o pólen para formar a semente, convoca nuvens a fim de trazer a chuva, agita o ar espesso e retira a umidade das ipomeias que tremulam sob o céu noturno.

O vestido azul ondulante da rainha reflete a natureza circular do ar e o movimento das ideias. A espada da rainha aponta para o chão, envolvendo pensamentos incorporados. Ela estende a mão para um corvo, a ave mensageira do reino espiritual. As ideias da Rainha de Espadas vão além deste mundo e se estendem até o outro, evocando todos os cantos do Universo.

Sua coroa é feita com asas de borboleta. Uma safira em forma de lágrima repousa entre o chakra da Garganta e o do Coração, representando palavras que expressam a natureza do coração. Luvas protegem suas mãos delicadas, refletindo os pensamentos que ela não conta a ninguém.

Seu aspecto mais elevado é a inteligência. Ela é articulada na expressão; suas palavras nunca são desperdiçadas e ela sempre vai direto ao ponto. Embora um discurso sombrio dessa rainha possa cortar uma pessoa ao meio e fazê-la sangrar, ela usa seus poderes com sabedoria.

É uma excelente juíza de caráter e raramente precisa se questionar. Ela é a energia por trás de cada tempestade de areia e de cada tornado que toca o solo. Você pode senti-la contra a pele se parar e sentir a temperatura e o peso do ar roçando em você. A Rainha de Espadas expressa uma inteligência emocional adquirida com a maturidade. Ela é a mente em desenvolvimento, as palavras na ponta da língua, os pensamentos que você articula.

Na posição normal: Confie no modo como você se comunica com os outros. Expresse, com clareza e controle, o que tem em sua mente. Se algo for necessário, peça por isso; será seu.

Na posição invertida: O tempo para exigências acabou. Pare de falar e comece a observar. Falar sem pensar só piorará as coisas. A situação precisa de tempo para se resolver.

• • • • • • • • •

Para corrigir a inversão, pergunte-se:
Como posso invocar a beleza através das palavras?

Rei de Espadas

Intelectual

Aquário (ar fixo)

Coruja e livro, espada e coroa.
O véu se abre no poente.
Esclareça e pergunte sem hesitar.
Ao rei gentil, regente do ar.

O Rei de Espadas é a energia que forma palavras e cria a estrutura da mente. Ele é o princípio organizador do ar; portanto, decide como e para onde os ventos devem soprar.

O Rei de Espadas é um mestre planejador que analisa o cenário todo e sabe tudo o que é necessário. Ele organiza a mente como se fosse o *software* de um computador. Se a rainha é o vento que sopra, o rei é o moinho de vento que captura seu poder e o canaliza, transformando-o em energia.

Ele está sentado no trono do ar e usa uma coroa de borboleta para combinar com sua rainha. Ele é o mestre do discernimento. Sua espada aponta direto para o céu, pois representa um canal para a lucidez. Ele segura o Livro do Conhecimento em seu colo.

Uma coruja branca pousa no trono do rei, que tem inscrições arcanas. Essas gravações misteriosas na pedra revelam o mecanismo da magia da mente. A coruja representa a visão clara através da escuridão.

O Rei de Espadas representa o intelecto formador de ideias, bem como conquistas científicas e matemáticas. Seus pensamentos se formam com base nas regras da lógica. O mundo material está em sintonia com sua cognição. Ele imagina o mundo passando a existir. Deixe-o lembrá-la de que todo pensamento tem o potencial de se tornar realidade.

Na posição normal: Prazos são cumpridos. É preciso colocar pensamentos audazes em prática na sua situação. Regras e regulamentos funcionarão a seu favor. Explore direções novas e mais amplas. Assuma o seu poder pessoal. Fale o que tem em mente.

Na posição invertida: Acredite no poder da mente. Confie em seus pensamentos e tenha consciência do que sabe. Ouça o que os outros têm a lhe dizer. Observe com atenção.

• • • • • • • •

Para corrigir a inversão, pergunte-se:
O que eu sei?

Regentes da Corte

Pentáculos

A família de Pentáculos é composta de criaturas da terra, que concedem abundância e manifestação. Descubra-as em campos férteis e cavernas escondidas. Elas preenchem montanhas e vales, assombram cânions e grutas. Oferecem corporeidade e ancoragem a todos os que se aproximam. Causam deslizamentos de terra e terremotos e colaboram com gnomos e criaturas subterrâneas.

A corte dos Pentáculos é composta de criaturas terrenas que manifestam vinhas e brotos. Essas criaturas ligadas à terra fornecem segurança e abrigo, o alimento nutritivo e a forma do nosso corpo físico. Sua magia é lenta e constante. Os Pentáculos são acessíveis e confiáveis. Eles se equiparam a dinheiro, recursos materiais e valor humano.

Pajem de Pentáculos

Estudiosa

Temporada de inverno

Lento e firme é seu caminhar.
No rosto, o que se vê é só prazer.
Livros são mágicos; as páginas reluzem.
Conhecimento é o que a ajuda a crescer.

A Pajem de Pentáculos surge da terra com uma flor de abóbora encimando sua forma viçosa e ao mesmo tempo enraizada. A terrena Pajem de Pentáculos é apaixonada pelo conhecimento e pela aprendizagem. Ela segura um pentáculo perto do chakra do Coração para expressar amor e uma conexão pura com o conhecimento. Essa aprendizagem floresce e cresce até a maturidade da Rainha de Pentáculos.

A Pajem de Pentáculos é uma estudiosa do baralho e representa a paixão pelo aprendizado em si. É o fascínio por todas as coisas que despertam a imaginação e desenvolvem pensamentos e ideias. Sua energia é lenta e constante, ponderada e reflexiva.

Na posição normal: Olhe com atenção para o que a fascina. Volte para a escola ou estude. As respostas estão dentro de você. Ame e valorize as coisas que você ama dando-lhes atenção. Tudo é possível.

Na posição invertida: Procurar algo que não está onde você pensa. Desapegue do que nunca foi seu. A estação está concluída. Liberte-se dos apegos. O que for para ser seu voltará para você.

• • • • • • • •

Para corrigir a inversão, pergunte-se:
Quais tesouros mágicos invisíveis me apoiam e me dão foco?

Cavaleiro de Pentáculos

Guardião

Virgem (terra mutável)

Sensual, suave, sem se apressar.
A magia reside nesse vagar.
Saboreie o momento; olhe mais além.
Sinta plenamente o tempo que tem.

O Cavaleiro de Pentáculos carrega e protege seu pentáculo e acaricia seu bisão com a outra mão. A figura da carta observa a terra ao longe e o animal, movendo-se de forma deliberada e apenas quando necessário. Há um símbolo alquímico da terra em seu vestido, e seus pés descalços a conectam à amada terra. O manto jogado sobre o ombro é um símbolo de proteção e reflexão.

O Cavaleiro de Pentáculos carrega a energia mais lenta de todo o baralho. Quando esta carta aparece numa leitura, é um lembrete para você fazer uma pausa, diminuir o ritmo e considerar suas opções com cuidado. Não há necessidade de se apressar. Considere o que está diante de você e o modo como pode aproveitar ao máximo a situação atual. Você faz parte da natureza, não está separada dela.

Na posição normal: Mova-se com atenção plena e facilidade. Toque suave. As batalhas que você enfrenta podem ser obra sua; portanto, a resposta de que precisa pode ser encontrada dentro de você. Conecte-se aos elementos da terra e aos animais para se situar.

Na posição invertida: Avançar sem levar em conta as consequências. Não se importar com os outros. Pegar aquilo de que precisa sem dar nada em troca.

• • • • • • • •

Para corrigir a inversão, pergunte-se:
Como o silêncio me protege?

Rainha de Pentáculos

Agricultora

Capricórnio (terra fixa)

Reina uma deusa do poder terreno;
protege as preciosas joias da natureza.
A fertilidade é simbolizada por uma lebre.
Algo novo logo estará com a realeza.

A Rainha de Pentáculos representa a expressão física em todos os sentidos. Sua nudez expressa completa vulnerabilidade, equilibrada pela força. Ela transforma os blocos de construção do Universo e lhes dá novas formas. Em seu aspecto mais brilhante, usa todos os recursos para adornar, nutrir e tecer a magia com a ponta dos dedos.

Ela é a mestra agricultora, que sente como uma videira quer crescer. É a treliça que lhe dá apoio para alcançar sua altura máxima. Ela molda a própria vida na forma de uma paisagem e mergulha nas suas profundezas. Faz caldos que curam e feitiços que se manifestam. Ela tem o poder de fazer qualquer coisa crescer. Animais são atraídos para ela, crianças brincam aos seus pés, e toda a natureza a celebra. Ela é suave e sensual, lenta e segura. Ela é a Rainha da Terra.

Na posição normal: Usar todos os talentos para conquistar um estilo de vida luxuoso. Culinária, jardinagem e decoração adicionam luxo e prazer à sua casa. Feitiços de cozinha e magia de jardim são as práticas ideais para você. Utilize energias naturais e trabalhe em comunhão com a terra.

Na posição invertida: Obsessão pela casa e pelo lar. Criar problemas onde não há. Tentar controlar a ordem e o fluxo natural das coisas.

Para corrigir a inversão, pergunte-se:
Como posso invocar a beleza?

Rei de Pentáculos

Dirigente

Touro (terra fixa)

Rei da terra e joia da fortuna
repousam felizes na clareira da floresta.
Prazeres sensuais brotam e se espalham,
cortejam seus favores para fazer a festa.

O Rei de Pentáculos é o abastado mestre do mundo material. Uma magia profunda deriva da posse e da autonomia do seu corpo físico. Seus músculos bem torneados constroem bases sólidas. Suas dádivas são usadas para seu próprio prazer e para o prazer dos outros.

O Rei de Pentáculos rearranja as moléculas do Universo a fim de impulsionar o crescimento e a manifestação. Ele é a estabilidade do mundo físico, refletida na abundância da terra através de videiras, frutas e fungos. Considere seu eu físico e o modo como ele pode ser usado a seu favor. Lembre-se de como sua juventude foi física. Crianças brincam, correm e exploram ambientes. Adolescentes dançam e praticam esportes. O amor é expresso por meio da fisicalidade. Nosso corpo anseia por toque e cuidado. Abrace o poder do tato, a dádiva do prazer sensorial. Abra-se para o seu aspecto físico.

Na posição normal: Riqueza e abundância. Autoconhecimento. Estar ancorado e maduro. Crescimento financeiro e estabilidade material. Ter excelente aptidão para negócios. Proteja a si mesma e aos outros por meio de decisões sábias.

Na posição invertida: Deixe de lado o que você pensa que precisa. Não tente diminuir sua ansiedade por meio da comida e da bebida; elas não têm as respostas que você deseja, são apenas distrações temporárias. É hora de reunir forças e reconstruir.

• • • • • • • •

Para corrigir a inversão, pergunte-se:
Como posso investir no meu futuro?

Parte 4

A colheita da magia

Preparada para praticar um pouco de magia, minha bruxinha? Agora que você tem os instrumentos necessários para uma prática de tarô adequada, é hora de realizar a magia com a energia do jardim da bruxa e muito mais. Aqui você encontrará todas as tiragens e os feitiços necessários para dar início à sua jornada.

A natureza revela que tudo no mundo conspira a seu favor. O impulso do Universo é a expansão. Você já reparou que os padrões e os ciclos da natureza se repetem? Quando a natureza encontra um padrão que funciona, ela se apega a ele. Os salgueiros têm galhos que se assemelham aos pulmões humanos (e essas árvores purificam o ar), as vinhas da ipomeia produzem folhas em forma de coração, e as conchas de caracol contêm o padrão circular das galáxias espirais. A inteligência da natureza segue o caminho de menor resistência. Cada fragmento de magia — desde correntes oceânicas até uma aranha doméstica e sua teia de seda — continua, estação após estação, fazendo o que foi destinado a fazer.

Sua magia interior única foi impressa em sua essência muito antes de você nascer. A bruxa colhe talentos pessoais, dádivas e desejos sinceros no mundo durante o curso da sua vida. Assim como um beija-flor poliniza as flores das quais se alimenta, você está aqui para liberar a singularidade de quem você é, dessa maneira, tornando o mundo um lugar mais saudável e vibrante. Depois que aprendemos a superar nossas barreiras autoimpostas, descobrimos que a magia flui através de nós e para o mundo.

As etapas do lançamento de feitiços

Registre por escrito sua intenção mágica.

Reúna os itens necessários.

Identifique qual é o momento mais propício.

Limpe.

Visualize.

Expresse gratidão.

Libere.

Confie.

A magia de um feitiço começa no momento em que a bruxa decide lançá-lo. Se você pudesse obter qualquer coisa no mundo, o que pediria? Definir o objetivo da sua magia é o primeiro passo para lançar feitiços. Anote por escrito o que você deseja. Não esqueça os detalhes. Sua descrição não precisa ser poética, artística ou correta do ponto de vista gramatical. Ninguém vai vê-la. Explique minuciosamente o que está pedindo. Lançar feitiços é como assar bolos. Se um bolo de coco com baunilha é o que deseja, você não vai usar uma receita de torta de cerejas.

Imagine como será a sua vida quando o seu desejo for concedido. Dê asas à sua imaginação e deleite-se com a contemplação do que é possível. O prazer energético combinado com a intenção produz resultados excelentes. Imagine o prazer que é espalhar uma cobertura de creme sobre o bolo, servi-lo aos amigos e provar a primeira garfada. Quando seu feitiço se tornar realidade, como você se sentirá? O que será diferente? Escreva sobre isso. Depois que tiver visualizado o resultado, condense a intenção do seu feitiço numa única frase. É muito importante ter uma frase que sintetize o seu desejo específico. Emoção e imaginação são os pontos-chave do lançamento de feitiços. São forças magnéticas que atraem forças universais para conspirar a seu favor.

Em seguida, selecione seus acessórios mágicos, os itens cuja energia reforce a realização do seu desejo. Escolha uma carta de tarô que esteja em sintonia com a essência do feitiço. Por exemplo, selecione a Imperatriz para feitiços de criatividade, o Imperador para limites e proteção, a Estrela para ativar a sua musa interior e assim por diante. Procure acessórios que despertem os órgãos dos sentidos associados ao objetivo do seu feitiço; velas (velas vermelhas se o feitiço for para reavivar as chamas da paixão), roupas (uma camisola de seda se o feitiço for para melhorar o sono), flores (boca-de-leão para a amizade), ervas (hamamélis para a proteção psíquica) e óleos essenciais (óleo de lavanda para aguçar a inteligência). O feitiço é seu chamado criativo direcionado ao Universo. O feitiço pode ser tão elaborado ou tão simples quanto você quiser.

A menos que você esteja trabalhando com um amigo ou um grupo, o lançamento de feitiços é um assunto particular, que só diz respeito a você. A menos que esteja buscando o conselho de outra bruxa, não fale sobre os seus feitiços. A potência do feitiço reverbera quando ele é um segredo entre você e o Universo. Do contrário, é como abrir o forno a todo instante para verificar se o bolo já assou. Isso só servirá para dispersar o calor e retardar todo o processo. Falar sobre seus feitiços também dispersa a energia antes que ela tenha tempo de reverberar.

Na fase do planejamento, pesquise qual é o melhor momento para lançar seu feitiço. É aconselhável (mas não necessário) sincronizar o lançamento do feitiço com forças exteriores, como a estação do ano, a fase da Lua (a energia da lua crescente tem um poder de atração, a da lua minguante ajuda a liberar a magia). Procure lançar o feitiço à meia-noite, ao crepúsculo ou ao nascer do Sol, pois nesses horários é mais fácil transitar entre o mundo visível e o invisível. As bruxas, no entanto, têm uma vida ocupada, por isso, às vezes, o feitiço mais potente é aquele lançado quando nós podemos reservar um momento para nós mesmas. Faça o que é possível. A magia é adaptável.

Lave seu corpo físico e a sua aura com um banho de sal grosso, uma boa chuveirada ou um mergulho ao ar livre numa piscina, num lago, num rio ou no mar. A água purifica você de energias e atitudes desnecessárias. Deixe a água levar qualquer negatividade ou bloqueio. O banho também é uma ótima oportunidade para você meditar e se preparar para o lançamento do feitiço.

Ao lançar o feitiço, tenha todos os ingredientes à mão. Evoque os quatro naipes (elementos) para lhe ajudar em seu feitiço enquanto você lança seu círculo mágico, caminhando no sentido horário. Isso abre um espaço sagrado de manifestação. Selecione do baralho a(s) carta(s) de tarô que escolheu. Visualize a sua intenção. Leia a descrição que fez do seu objetivo. Sinta o feitiço sendo irradiado para o Universo. Realize outras atividades, como meditações ou invocações, para gerar mais energia e direcioná-la ao seu objetivo.

Ao finalizar o feitiço, feche o espaço sagrado com o mesmo cuidado com o qual o abriu, movendo-se no sentido anti-horário e agradecendo a cada um dos naipes (elementos). Manifeste sua gratidão e faça oferendas a qualquer energia que tenha sido invocada para potencializar o feitiço.

Depois que o feitiço estiver concluído, o mais importante é abandonar todas as expectativas. A água numa panela parece nunca ferver enquanto é observada. Deixe a natureza cumprir seu papel. A magia se manifesta inesperadamente. Não a atrapalhe com o peso das suas expectativas. A maçã que você pediu pode se manifestar como uma laranja. E você pode descobrir que a laranja lhe parecerá ainda mais saborosa do que a maçã que esperava. Confie em sua magia. Seja paciente. Não deseje nada em específico. Se o seu feitiço não funcionar, tenha a certeza de que havia uma boa razão para isso; imagine se tudo o que você sempre quis se tornasse realidade! O Universo sempre nos dá o que é necessário. Confie nele.

Amor e romance

Tiragem da alma gêmea

Lance as cartas para as almas gêmeas da sua vida.

1. Nossa conexão mágica eterna.
2. Meu coração.
3. O coração da minha alma gêmea.

Tiragem do novo amor

Descubra o encanto de um novo relacionamento romântico.

1. Nosso ponto forte.
2. Nosso desafio.
3. O que atrai essa pessoa para mim?
4. O que me atrai para essa pessoa?
5. Como fortalecer a nossa conexão.
6. Previsão de longo prazo.

Feitiço para o amor romântico

Magia para induzir ou intensificar o amor erótico.

INGREDIENTES: a carta dos Amantes, chá preto com especiarias, um pau de canela, três grãos de pimenta, mel e açúcar.

Coloque em fogo médio uma panela com uma xícara de água e acrescente o chá, o pau de canela e os grãos de pimenta. Mantenha em fogo brando por 10 minutos. Adicione mel e açúcar a gosto. Observe a carta dos Amantes com um olhar relaxado. Visualize seus ideais e suas fantasias românticas. Tome o chá enquanto escreve uma carta de amor para o objeto do seu desejo. Se enviar a carta, poste-a à noite, pois a escuridão da noite contém todas as possibilidades.

Casa e jardim

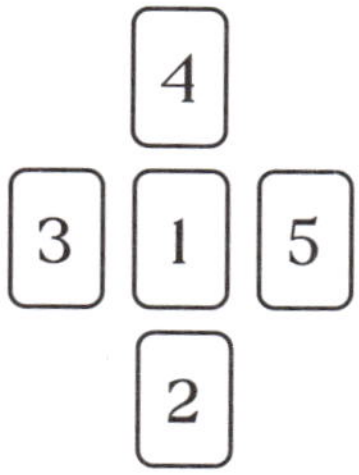

Tiragem do jardim da bruxa

Para ter uma visão mais clara da sua vida.

1. Que intenção devo plantar?
2. Como posso cultivar a magia interior?
3. Para onde sopram os ventos a meu favor?
4. Que desafios trazem ervas daninhas ao meu jardim?
5. A ajuda invisível que me auxilia é _____________.

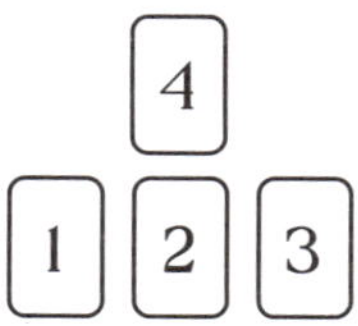

Tiragem do dinheiro

Para ter uma situação financeira mais estável

1. Quais foram meus erros do passado com relação a dinheiro?
2. O que preciso mudar?
3. Como posso me fortalecer nesse aspecto?
4. Meu novo plano financeiro deve incluir _____________.

Feitiço para ter a casa dos meus sonhos

INGREDIENTES: a carta do Dez de Copas, uma rosa branca, uma caneta vermelha.

Contemple o Dez de Copas enquanto imagina a casa dos seus sonhos. Arranque as pétalas da rosa, uma a uma. Com a caneta vermelha, escreva um aspecto da sua casa dos sonhos em cada pétala. Exemplos: uma banheira, de frente para o norte, um sótão amplo etc. Quando tiver escrito em todas as pétalas, coloque-as ao redor do Dez de Copas enquanto visualiza a felicidade, a alegria e o contentamento que sentirá ao encontrar a casa dos seus sonhos. Para culminar o feitiço, leve as pétalas para um lugar ao ar livre e solte-as ao vento.

Família e ancestrais

Tiragem do lar feliz

Para cultivar a paz no seu lar.

1. Qual é a energia ao meu redor?
2. Como posso melhorá-la?
3. O que posso deixar ir?
4. Qual é a solução oculta?

Sabedoria ancestral

Para eu me comunicar com aqueles que já se foram.

1. Quem está comigo?
2. O que esse ancestral pode me ensinar?
3. Como posso honrá-lo?
4. Qual é o meu caminho de cura?
5. Como posso dar um desfecho ao que ele começou?

Feitiço da fada madrinha

Comunique este feitiço à sua fada madrinha soprando bolhas de sabão com uma varinha artesanal.

INGREDIENTES: a carta da Estrela, 1/4 de xícara de detergente, uma xícara de água, uma colher de chá de amido de milho, caneta, papel, arame.

Se você tivesse uma fada madrinha que pudesse lhe conceder qualquer desejo, imagine quem seria. Agora, descreva seu desejo com uma única frase sucinta. Memorize-a. Repita a frase enquanto mistura a água com o detergente e o amido de milho. Olhe para a carta da Estrela. Convide mentalmente sua fada madrinha para vir até você. Modele o arame num formato de círculo para confeccionar uma varinha de bolhas. Saia ao ar livre e sopre nove bolhas de sabão seguidas, repetindo seu desejo nove vezes e mentalizando sua fada madrinha.

Coração e saúde

Tiragem do coração

Para abrir seu coração à ternura.

1. Qual é a verdadeira natureza do meu coração?
2. Como posso me abrir para o amor?
3. Como posso me tornar mais vulnerável?
4. Como posso ser forte?
5. Como posso me sintonizar com meu coração?

Tiragem da saúde

Para manter o bem-estar físico.

1. Qual é o meu estado de saúde?
2. Do que eu preciso mais?
3. Do que eu preciso menos?
4. Como posso me curar?
5. Como posso ser mais saudável?

Feitiço do sono reparador

Para ter uma noite de sono revigorante.

Ingredientes: a carta do Quatro de Espadas, um ramo de lavanda.

Contemple o Quatro de Espadas enquanto mantém o ramo de lavanda perto do nariz. Depois, coloque a lavanda no travesseiro e concentre-se no cheiro da erva até pegar no sono.

Transições e vidas passadas

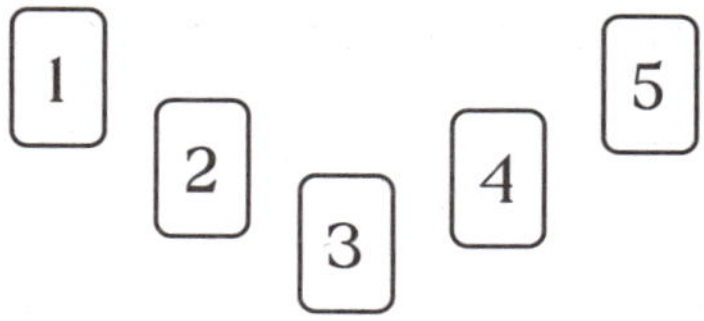

Tiragem das transições da vida

Para fortalecer o eu em momentos de transição.

1. Qual é a transição pela qual estou passando?
2. Como posso me manter no presente?
3. Como pratico o autocuidado?
4. O que preciso aceitar?
5. O que preciso liberar?

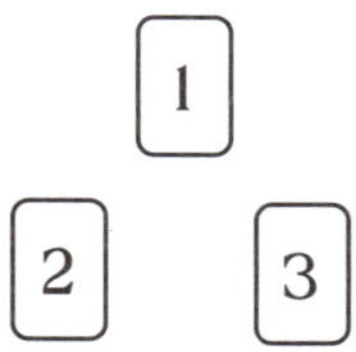

Tiragem de vidas passadas

Para examinar vidas passadas.

1. Quem eu era na minha vida passada?
2. Qual era o meu desafio?
3. Qual é a minha lição nesta vida?

Feitiço para o eu do futuro

Realize este feitiço quando se sentir perdida e fora de sintonia. Ele se conecta ao seu eu futuro para lhe conceder intuição e orientação.

INGREDIENTES: a carta da Sacerdotisa, caneta, papel, fita.

Pense na sua situação atual e nos seus desafios. Talvez você queira fazer uma pergunta específica. Acione um cronômetro e olhe para a carta da Sacerdotisa com um olhar relaxado por cerca de cinco minutos, sem desviar o olhar. Depois desse período de cinco minutos, visualize seu eu futuro, que tem muitas respostas para você. Anote as palavras ou as frases que seu eu futuro oferecer a você. Demore-se pelo tempo que quiser. Quando terminar, enrole o papel como um pergaminho, amarre-o com a fita e medite por um instante sobre a carta da Sacerdotisa. Guarde o seu pergaminho num local seguro. Abra-o e leia sua lista de palavras sempre que precisar de orientação.

Caminho de vida e evolução da alma

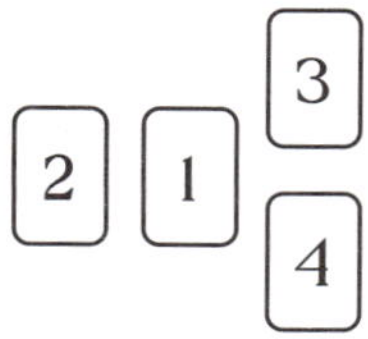

Tiragem das escolhas da vida

Para quando for tomar uma decisão importante.

1. Do que eu preciso saber?
2. Do que devo me esquecer?
3. O que devo fazer?
4. O que não devo fazer?

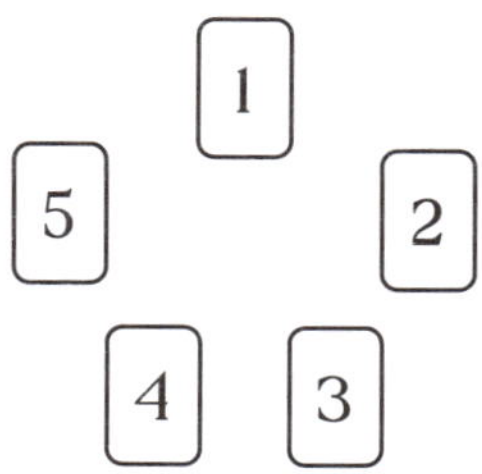

Tiragem da alma sagrada

Para entrar em contato com o aspecto mais profundo e elevado do seu eu.

1. Por que estou neste mundo?
2. O que nutre a minha alma?
3. Como posso cuidar melhor da minha alma?
4. O que quer vir à tona em mim?
5. Como posso honrar a minha existência?

Feitiço do caminho do jardim

Tem o objetivo de abrir o caminho para algo novo e ajudá-la a descobrir qual é sua jornada de vida.

INGREDIENTES: a carta do Ás de Pentáculos, um abacate.

Contemple a carta do Ás de Pentáculos com um olhar relaxado enquanto se pergunta qual caminho deve seguir na vida. Em que direção você deve ir? Corte e coma o abacate enquanto saboreia a dádiva deliciosa da sua polpa e pensa em como é simples entrar em sintonia com seu talento natural. Lave o caroço do abacate. Coloque-o sobre a palma da mão (enquanto segura com a outra o Ás de Pentáculos) e saia ao ar livre. Sincronizando seus passos com a respiração, caminhe sem um destino em mente. Siga para onde quiser ir enquanto caminha no compasso da respiração. Pense em tudo de bom que você deseja manifestar na sua vida. Plante esse pensamento com o caroço de abacate num solo de terra macia. Volte para casa renovada.

Sonhos e mensagens espirituais

Tiragem da interpretação dos sonhos

Revela o significado mais profundo de um sonho.

1. Qual é a sabedoria deste sonho?
2. O que meu subconsciente quer que eu veja?
3. O que devo aprender?

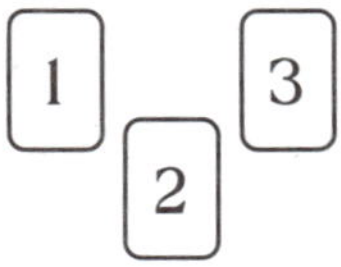

Tiragem para conhecer meu guia espiritual

Para se comunicar com seu guia espiritual.

1. Quem é você?
2. Como podemos trabalhar juntos?
3. Quais qualidades você vê em mim que eu não consigo ver em mim mesma?

Feitiço de banimento

Para afastar a negatividade ou espíritos indesejados da casa.

INGREDIENTES: a carta da Morte, três grãos de feijão-preto, sal.

Mentalize o que está afligindo você. Repita as seguintes frases: "__________, eu afasto você agora desta casa. Não volte!". Concentre-se na carta da Morte. Visualize a figura da Morte cortando com sua foice o cordão energético que liga o espírito ou a negatividade a você ou à sua casa. Passe por todos os cômodos da casa com a carta da Morte na mão. Repita as mesmas frases três vezes em cada cômodo. Abra a porta da frente e vire-se de costas. Jogue os três grãos de feijão por sobre o ombro, repetindo a frase a cada vez. Faça uma carreira fina de sal no limiar da porta da frente, para impedir a entrada da negatividade e dos espíritos indesejados.

Sinais e presságios

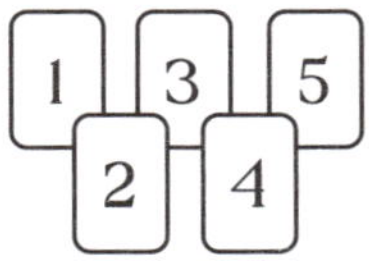

Tiragem dos sinais do futuro

Para aumentar sua energia pessoal e atrair novas possibilidades para a sua vida.

1. Que energia me envolve?
2. Que verdade oculta é revelada agora?
3. Que ajuste posso fazer?
4. Como posso elevar minha energia pessoal?
5. Como posso me proteger?

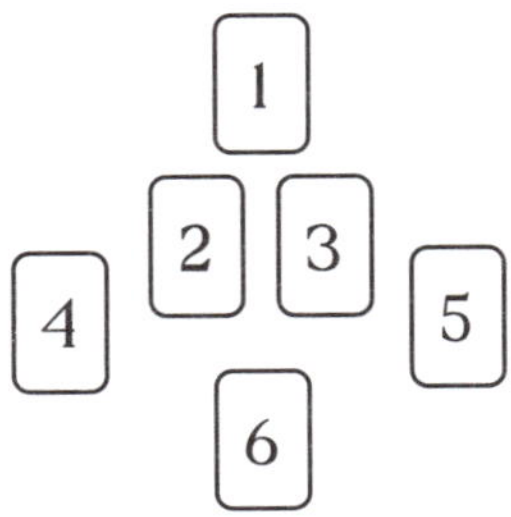

Tiragem do destino

Para moldar seu futuro com as próprias mãos.

1. Para onde estou indo?
2. Como posso chegar lá?
3. O que posso mudar?
4. O que posso liberar?
5. O que está além do meu controle?
6. Com o que posso contar?

Feitiço para intensificar o poder psíquico

Para se impregnar com os poderes intuitivos da Lua.

INGREDIENTES: a carta da Lua, um incenso de limpeza da sua escolha, seis gotas de óleo essencial de lavanda, uma banheira ou uma piscina de plástico.

Acenda o incenso e passe a carta da Lua pela fumaça. Concentre-se nos redemoinhos de fumaça enquanto eles se elevam no ar e imagine os redemoinhos de sua visão espiritual e de sua intuição despertando e vindo à tona. Encha a banheira ou a piscina e pingue o óleo essencial na água antes de entrar. Imagine que a carta da Lua está acima de você, tão grande quanto a Lua de verdade. Una-se à bruxa retratada na carta e invoque todos os poderes psíquicos da Lua.

Conclusão

Aí está, minha bruxinha, um mundo de magia para você! Toda a energia do meu jardim, com suas flores e ervas, seus guias espirituais e suas fadas, agora repousa em suas mãos.

O *Tarô do Jardim da Bruxa* é um refúgio seguro ao qual você pode retornar sempre que quiser. É um lugar de descanso e repouso. Nutra o seu corpo. Mantenha-se aberta para receber o inesperado. Registre suas descobertas em seu precioso grimório. Leia muito as cartas para si mesma e para os outros. Mime-se com delícias. Nutra todos com seus dons. Colabore com a energia ao seu redor. Explore e brinque. A magia, acima de tudo, é divertida!

Se precisar de mim, estou aqui. Serei sua companheira constante. Estou sempre aqui neste baralho para realizar a magia ao seu lado. Conheci você antes de você nascer e estarei com você muito depois de partir. Eu espio cada fragmento brilhante de magia dentro do seu coração. Não há ninguém no mundo igual a você.

Aproxime-se e ouça com atenção, pois vou revelar um último segredo do jardim. Está pronta?

O segredo é você.

Você é a bruxa que o mundo estava esperando. Ninguém sabe do que você é capaz — nem você mesma! Você pode ter palpites, ideias e impulsos, mas a maior magia surge quando você se surpreende ao fazer justo aquilo que nunca esperou fazer. Siga o seu desejo para descobrir aonde ele quer levá-la. Arrisque-se. Aceite os desafios que os outros não ousaram aceitar. Enxergue além do véu dos pentáculos e descubra que as coisas têm mais semelhanças do que aparentam na superfície. Lide com a frustração e a raiva reconhecendo-as e depois liberando-as. Abra-se para a complexidade e a biodiversidade da vida. Abrace a experiência. Busque o que ainda não compreende. Acima de tudo, transforme toda a sua vida em um encantamento ao mergulhar no momento e ser quem você é. O mundo precisa do doce toque da sua magia. Explore o mistério de ser quem você é para transformar o mundo, faça uma mudança sazonal de cada vez.

O jardim da bruxa é sua chave. Agora é hora de desvendar o segredo e descobrir quem você é.

Com amor e luz e sem prejudicar ninguém,
declaro que este livro está concluído.
Mas sua história está apenas começando...

Para escrever para a autora ou para a ilustradora

Caso deseje entrar em contato com a autora ou a ilustradora, escreva para uma delas aos cuidados da editora original, Llewellyn Worldwide, e encaminharemos sua solicitação. A autora, a ilustradora e a editora gostariam de receber seu contato e saber que você gostou deste livro e como ele a ajudou. A Llewellyn Worldwide não pode garantir que todas as cartas escritas para a autora ou a ilustradora serão respondidas, mas todas serão encaminhadas. Por favor, escreva para:

Sasha Graham e Nataša Ilinčić
c/o Llewellyn Worldwide
2143 Wooddale Drive
Woodbury, MN 55125-2989

Favor anexar um envelope selado e endereçado para resposta a fim de cobrir os custos de envio. Se estiver fora dos Estados Unidos, inclua um cupom de resposta postal internacional.

Muitos autores da Llewellyn têm sites com informações e recursos adicionais. Para obter mais informações, visite nosso site:

www.llewellyn.com.

FOTO DE BILL BRADY

Sasha Graham (de Nova York) é autora *best-seller* de mais de dez livros e *kits* de tarô, inclusive de *O Tarô Original Waite-Smith 1909*, publicado pela Editora Pensamento. Ela ministra aulas de tarô e organiza eventos sobre o assunto nas principais instituições culturais da cidade de Nova York, como o Metropolitan Museum of Art. Sasha já apareceu em filmes, programas de televisão e rádio e no jornal *The New York Times.*

FOTO DE NATAŠA ILINČIĆ

Nataša Ilinčić (da Escócia) foi indicada para vários prêmios, e suas ilustrações foram publicadas em livros, revistas, jogos de RPG e pôsteres. Ela já expôs seu trabalho em várias galerias, como a House of Illustration e a Somerset House, em Londres.